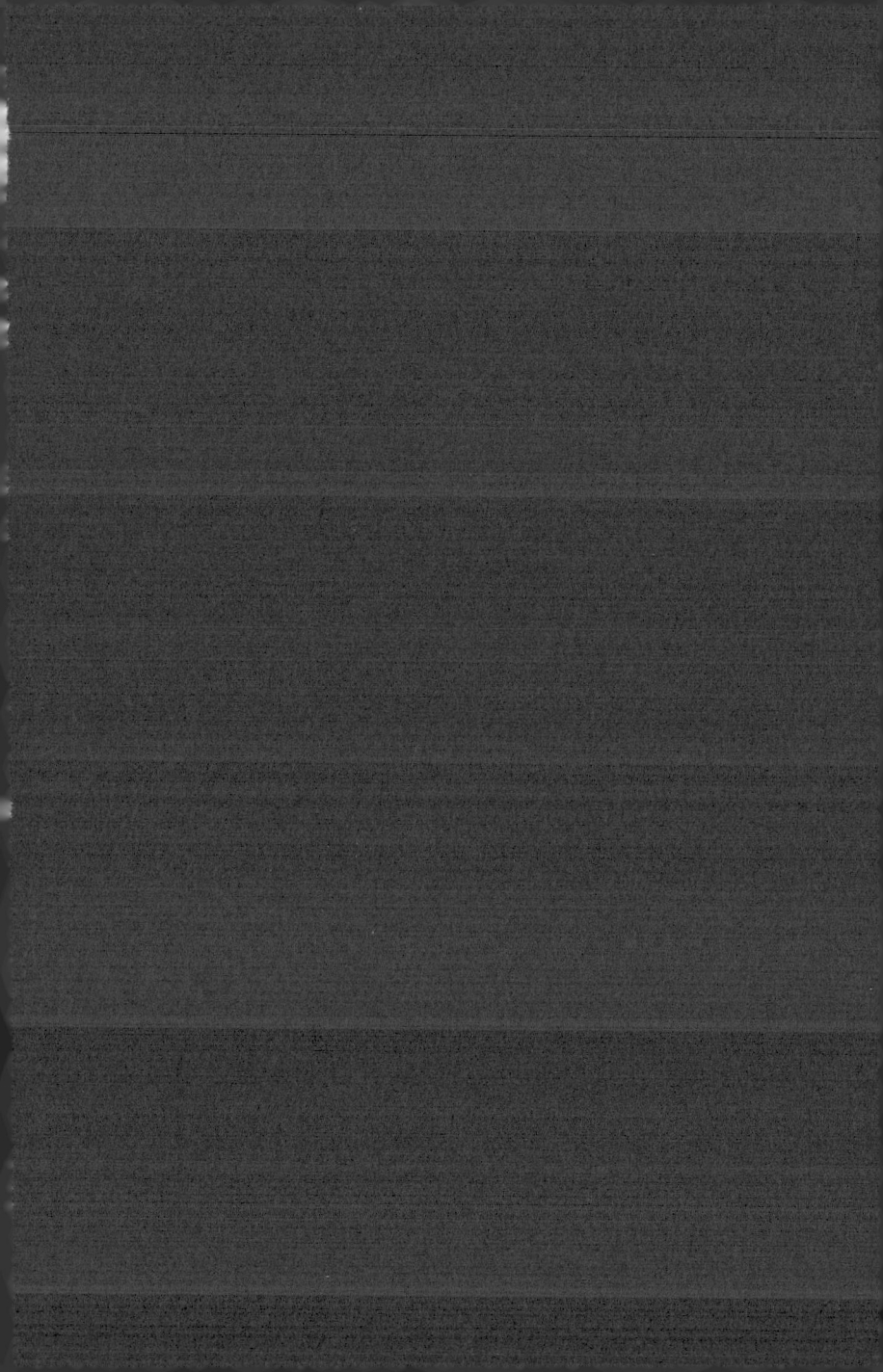

この字なんの字 不思議な漢字

東北芸術工科大学名誉教授
馬場雄二

大修館書店

はじめに

最近は、年間2百万人以上の人が漢検を受験したり、漢字がテレビのクイズ番組での主要な出題ジャンルになったりで、漢字ブーム花盛りのように見受けられます。しかし、本書はそれらの現象に便乗しようとしたものではありません。

35年前(1976年)、銀座のソニービルで開催された展覧会にゲーム「漢字博士」を発表しました。バラバラになっている偏と旁の札を組み合わせて、できた漢字の数を競う遊びですが、偏や旁によって組み合わさる可能性に大きな差があったり、「車」や「力」のように偏にも旁にもなるものがあったりで予想以上に奥が深いゲームになり、マスコミにも注目され多くの来場者に楽しんでいただきました。すぐに商品化(学研)の話があり、ミリオンセラーになって「おもちゃ大賞」まで受賞しましたが、アイデアの開発エネルギー以上に、多数の漢字の偏と旁の組み合わせ調査と一覧表作成のために、辞典を詳細に「視る」そして「観る」ことになりました。

実は、この時に実感した漢字の字数の多さと造形的な面白さ、さらに意外な表意性が、本書での探究の原点になっていたような気がします。

漢字を歴史的に研究したり、難読漢字に挑戦したりすることにも意義があるとは思いますが、デザイン的視点で膨大な漢字の世界を俯瞰してみるのも価値のあるテーマと痛感した次第です。

昨年（2010年）、29年ぶりに常用漢字が見直され2136字になりましたが、今では親字だけでも一万を超す大きな辞典が数社から発売されていて、見た事の無い興味深い漢字がたくさん目につきます。しかし、収録字数が約5万字と圧倒的で、内容的にも最も定評がある辞典は『大漢和辞典』でしょう。1994年に中国で刊行された『中華字海』は85568字が収録され、字数では世界最大のようですが、総ページが約1800しかなく、内容が必ずしも充実しているとはいえないようです。そのような理由で、本書の目的には『大漢和辞典』の徹底的な閲覧が最適と判断しました。

『大漢和辞典』は15巻（索引・語彙索引を含む）で構成されていて、約18000ページもあります。最初の1ページから胸がドキドキする長い遊覧飛行が始まりました。

壮大な漢字の世界の全貌を知る概観飛行に約1年を要しましたが、途中で文字とは思えない珍しい形や、意味が想定外の漢字の名所をたくさん訪れることができました。しかし、とても一冊には収録出来ない数に達してしまったので、次の3点を重視して構成することにしました。

◆収録漢字をテーマごとに厳選して、ヴィジュアルな見せ方を重視する。

◆奇妙で美しい「美妙な漢字」と想定外の表意性を感じさせる漢字とを、「形」の部と「意味」の部とに編成する。

◆各テーマにおいて展開できるオリジナルデザインも併せて掲載する。

なお、本書に出てくる漢字の意味と音は『大漢和辞典』によること、また、仮名遣いは全て現代仮名遣いに直したことを記しておきます。

全巻を何回も見直すたびに、漢字の奥深さを実感し、この大辞典を著した諸橋轍次先生に敬意を表します。

本書をまとめるにあたり、大修館書店編集部の山口隆志さんに、『大漢和辞典』との照合を含め、大変お世話になりました。厚く御礼申し上げます。

2011年2月

著者

●目次

第2部＝意味

［用語解説］本書で使われている、書体・字体に関する用語の解説です。

●**籀文**（ちゅうぶん）＝西周時代［紀元前十一世紀〜前七七一年］後期、太史（＝書記官）を務めた籀という人物が作ったとされる漢字。大篆（だいてん）と呼ばれることもあります。

●**古字**＝古文ともいいます。広い意味では、篆書（てんしょ）（＝小篆）より以前に使われていた漢字のこと。狭い意味では、戦国時代［紀元前四〇三〜前二二一年］、秦（しん）以外の国で使われていた漢字のことをいいます。

●**篆字**＝今日でも印章などに用いられている篆書のこと。篆文ともいいます。一般的には、秦時代［紀元前二二一〜前二〇六年］に定められ、『説文解字（せつもんかいじ）』で取り上げられた小篆を指します。

●**本字**＝本書では主に、『説文解字』で取り上げられた篆書（＝小篆）に忠実な字体のことをいいます。『説文解字』は、後漢時代［一二五〜一二〇年］、許慎（きょしん）という学者によって作られた字典で、漢字研究では最も重要な古典です。

●**正字**＝本書では主に、清時代［一六四四〜一九一一年］に作られた『康熙字典（こうきじてん）』での字体のことをいいます。『康熙字典』は、その後の字典・辞典の規範とされ、現代日本にも大きな影響を及ぼしています。

●**俗字**＝規範とされる字体とは異なるものの、主に日常的な場面で使われてきた字体。

●**略字**＝筆画の一部を省略した字体。

●**譌字**（かじ）＝誤字のこと。「譌」も、間違いという意味です。

●**変体**＝標準的な字体とは形の異なる字体。

●**国字**＝漢字にならって、日本で作られた字。訓読みだけで、音読みがないのが一般的です。

［記号解説］本書で使われている、記号の解説です。

音＝意味に対応する漢字音を挙げています。

大＝『大漢和辞典』の文字番号です。『大漢和辞典』では、見出しの文字に先頭から番号が振られています。

第1部 形

こんな形が漢字?!
そう
これも漢字なのです。

①美妙な漢字？

［問1］美しく奇妙な形をした漢字Aは、①〜⑤のどの字の本字でしょう？

A

①芸。　②葵（あおい）。　③華。
④菱（ひし）。　⑤薔（ショウ）。

答えは16ページにあります。

【問2】次の「美妙な漢字」B〜Gは、⑥〜⑬のどの意味でしょう？

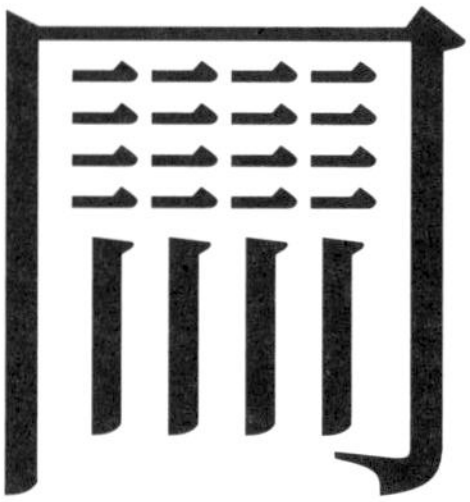

B

C

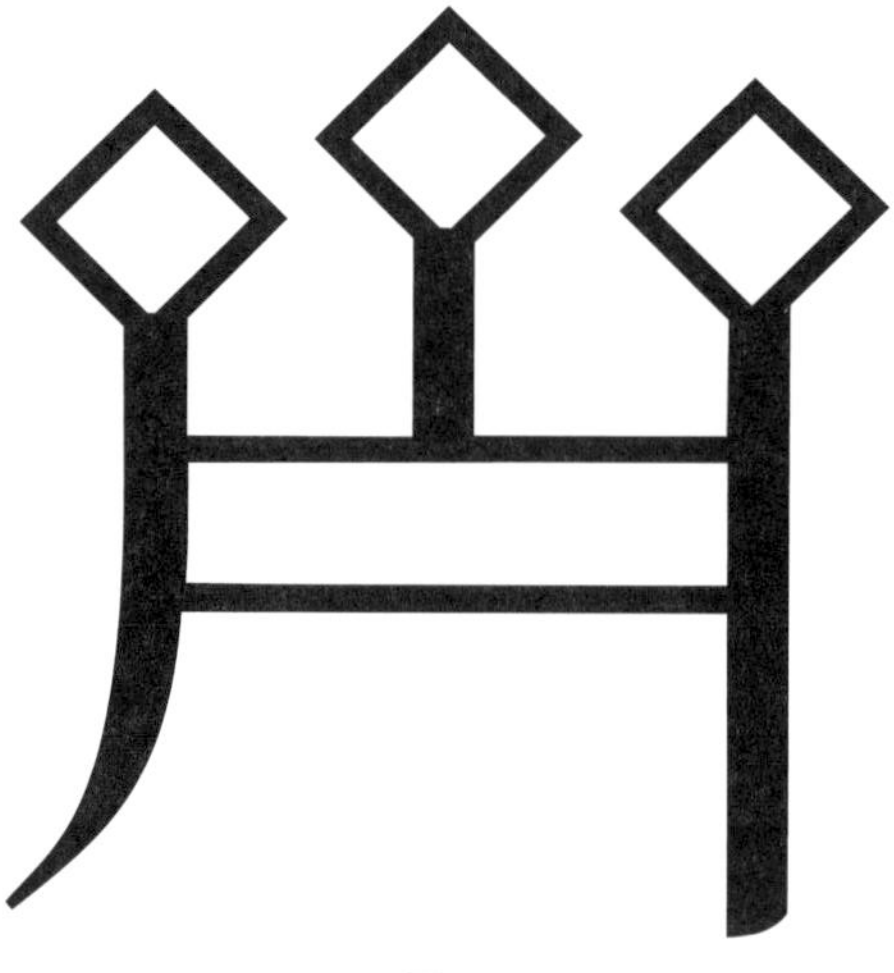

D

⑥斉(ひと)しい。　⑦宝箱。　⑧雨。
⑨琴。　⑩次。　⑪王冠。
⑫恋う。　⑬古(いにしえ)の酒を入れる礼器。

答えは16ページにあります。

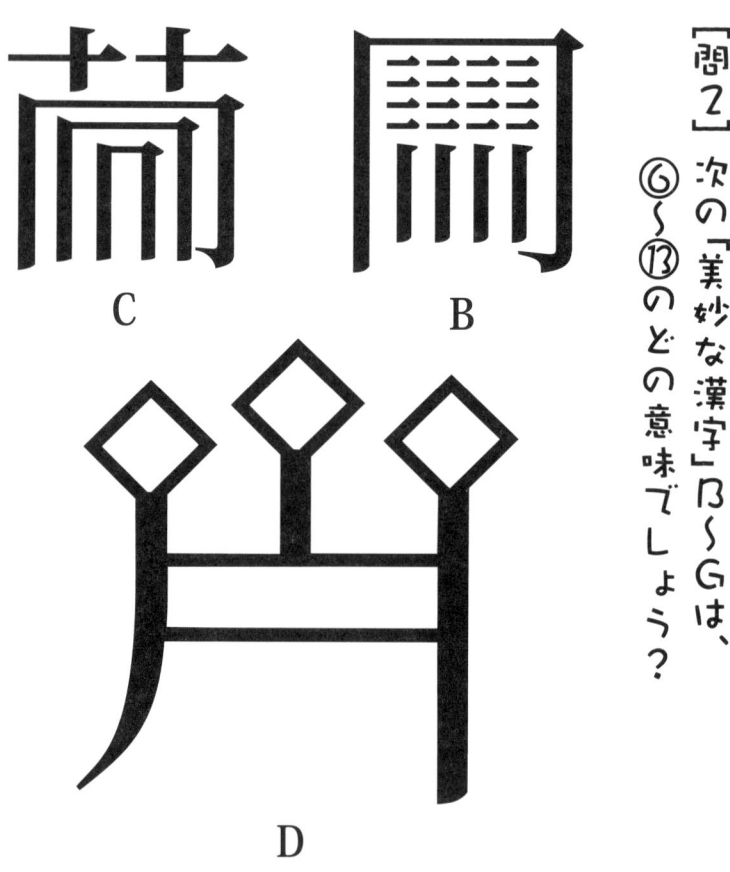

E

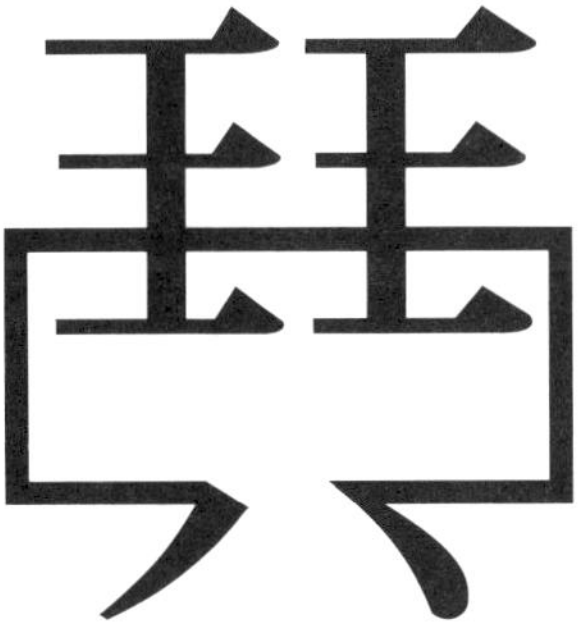

G

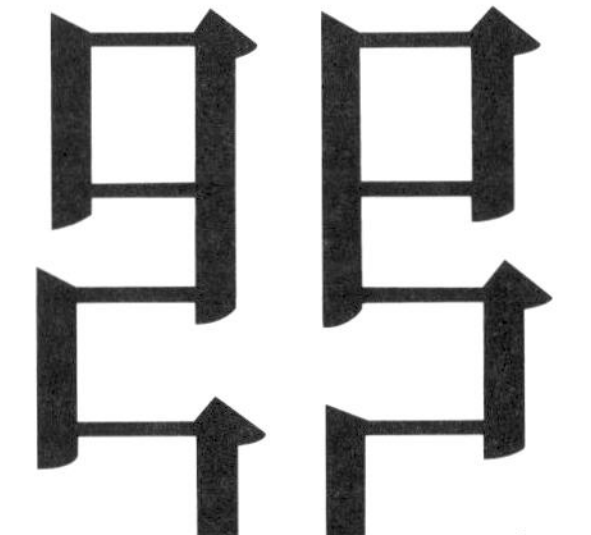

F

【問3】次の「美妙な漢字」H～Lは、⑭～⑳のどの意味でしょう？

H

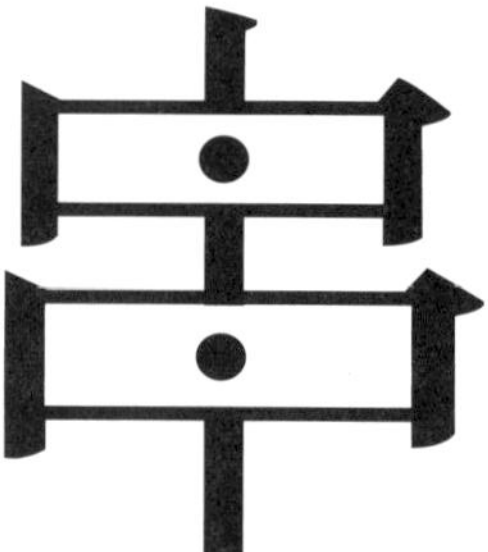

J

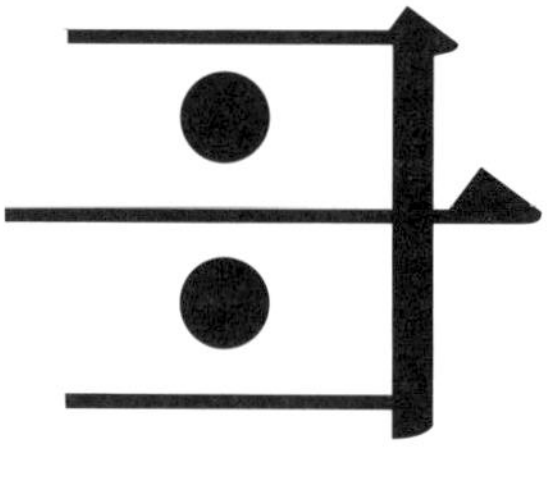

I

⑭丑(うし)。　⑮雪。　⑯玄(くろ)。
⑰串。　⑱青。　⑲曲がる。
⑳方形の容器。

答えは 16 ページにあります。

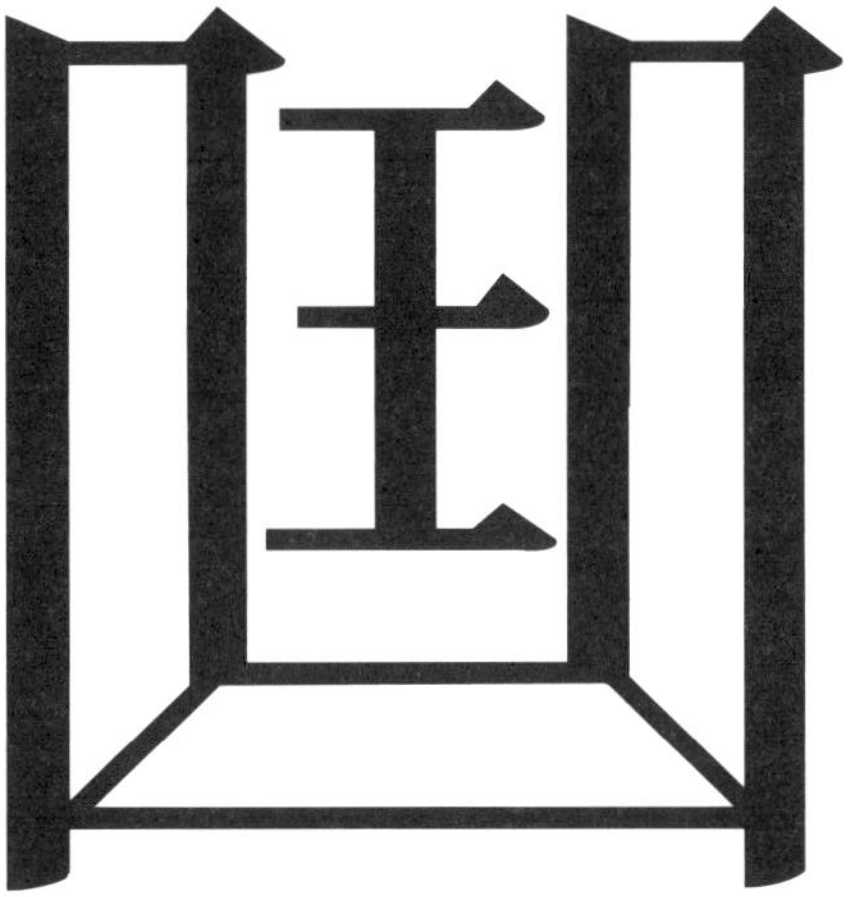

K

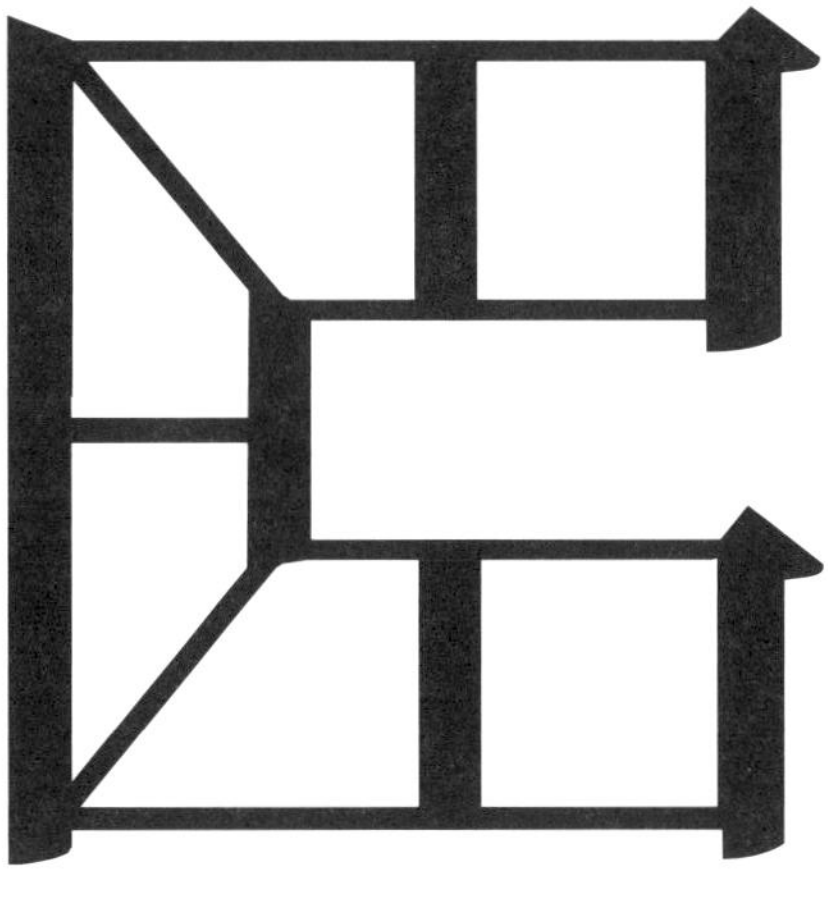

L

[問1]の答

A＝②「葵」の本字。(音キ。大49580)

[問2]の答

B＝⑧雨。「雨」の古字。(音ウ。大1564)

C＝⑩次。「次」の古字。(音ジ。大30974)

D＝⑥斉(ひと)しい。「亝」の篆字。「亝」は「齊」の古字。(音セイ。大277)

E＝⑫恋う。「戀」の古字。(音レン。大49275)

F＝⑬古(いにしえ)の酒を入れる礼器。(音トウ・ズ。大63)

G＝⑨琴。「琴」の古字。(音キン。大49306)

[問3]の答

H＝⑱青。「青」の古字。(音セイ。大49049)

I＝⑭丑(うし)。「丑」に同じ。(音チュウ。大38)

J＝⑯玄(くろ)。「玄」の古字。(音ゲン。大48977)

K＝⑲曲がる。「曲」に同じ。(音キョク。大1834)

L＝⑳方形の容器。「匚」の籀文。(音ホウ。大2635)

【問4】ではこれはなんと読む？（馬場雄二オリジナル）

（□には漢字が入ります）

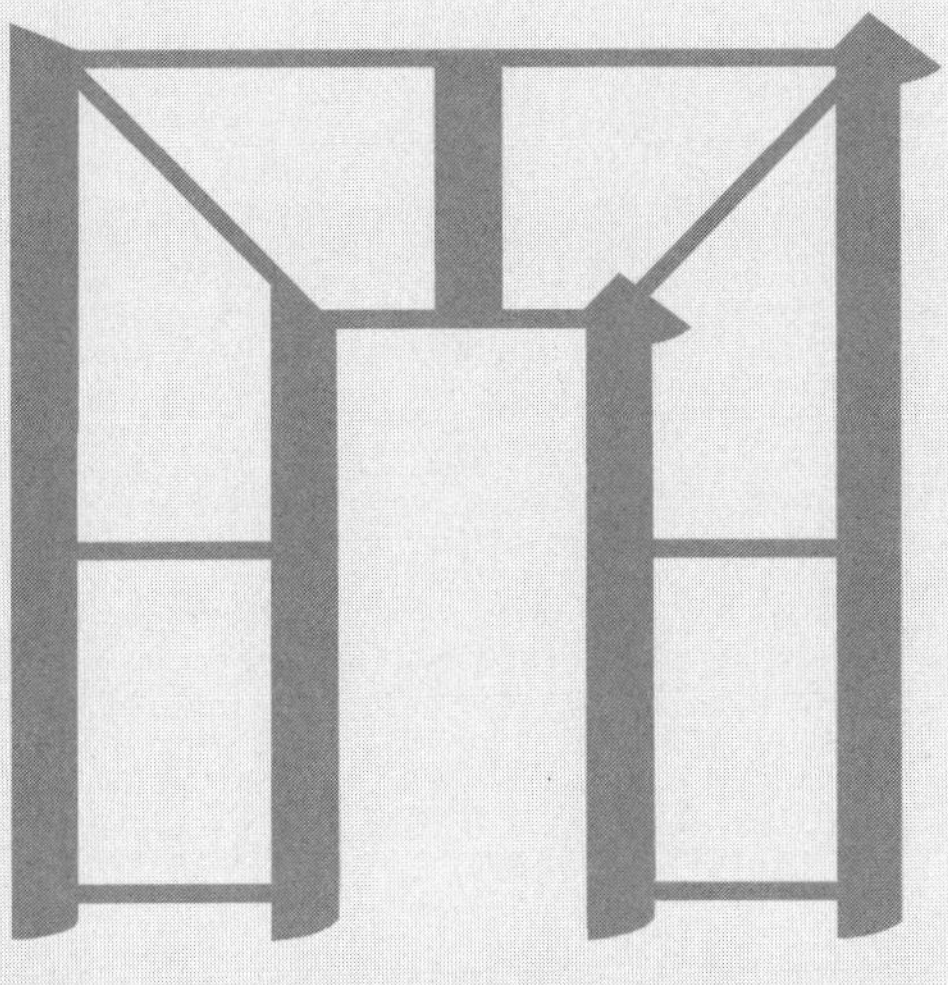

□旋□

答えは 18 ページにあります。

[問4]の答

凱旋門。

(15ページのL「罒」を時計回りに九十度回転させて、「凱旋門」のイメージに表現)

②幾何学模様風？

【問1】幾何学模様のような形をした漢字Aは、①～④のどの意味でしょう？

（幾何学模様のイメージに近づけるため、ゴシック体にしてあります）

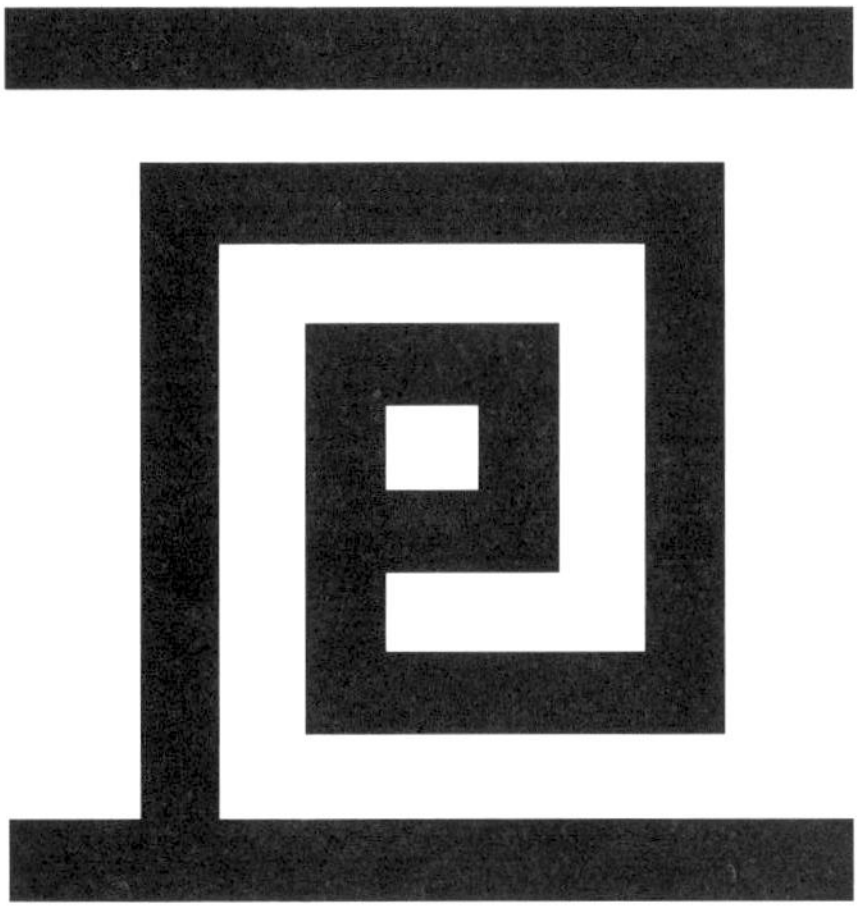

亘　　A

（明朝体ではこうなります）

①目が回る。　②祭壇。
③めぐる。　④目印。

答えは 22 ページにあります。

【問2】次の「幾何学模様風漢字」B～Iは、⑤～⑭のどの意味でしょう？

（幾何学模様のイメージに近づけるため、ゴシック体にしてあります）

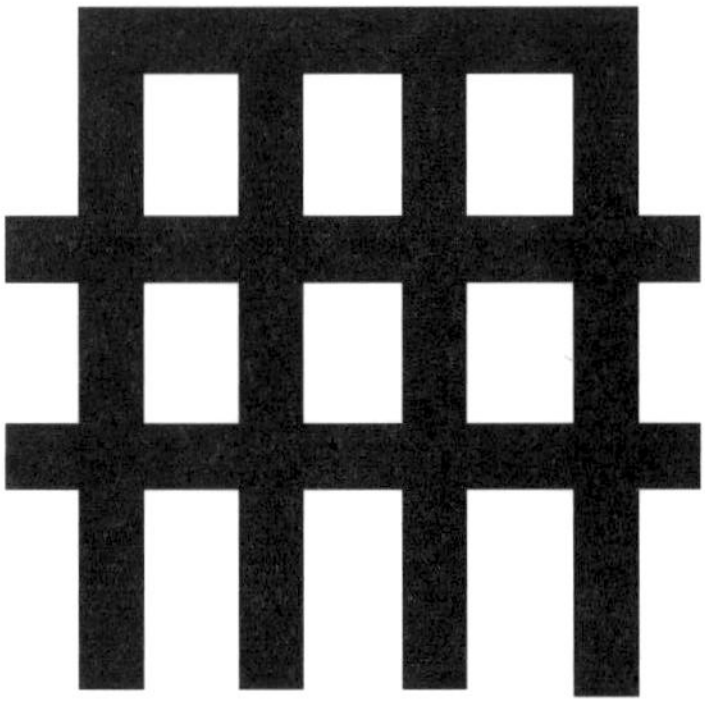

冊

B

囲

C

⑤多い。　⑥交わる。　⑦宮中の道。

⑧入口。　⑨穴。　⑩木ぎれ。

⑪垣根。　⑫窓。　⑬草の盛んに茂るさま。

⑭草が生じて散乱するさま。

答えは 22 ページにあります。

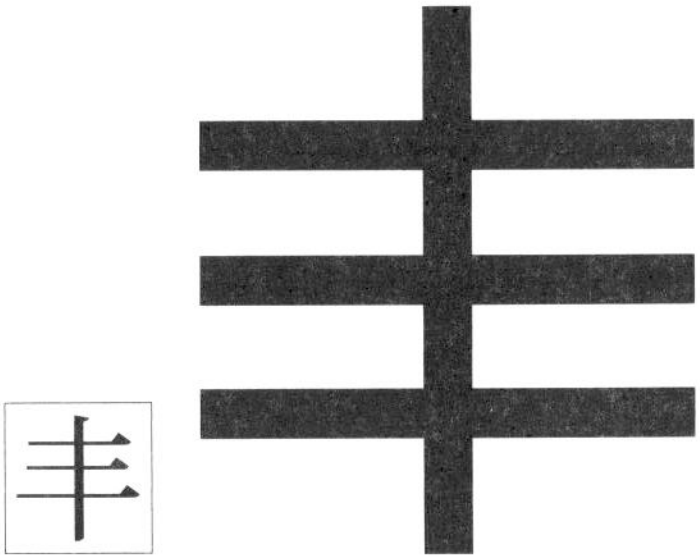

D

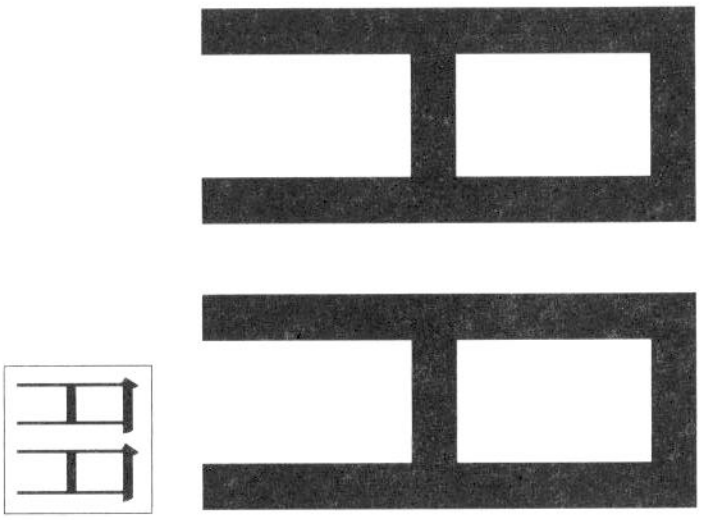

E

F

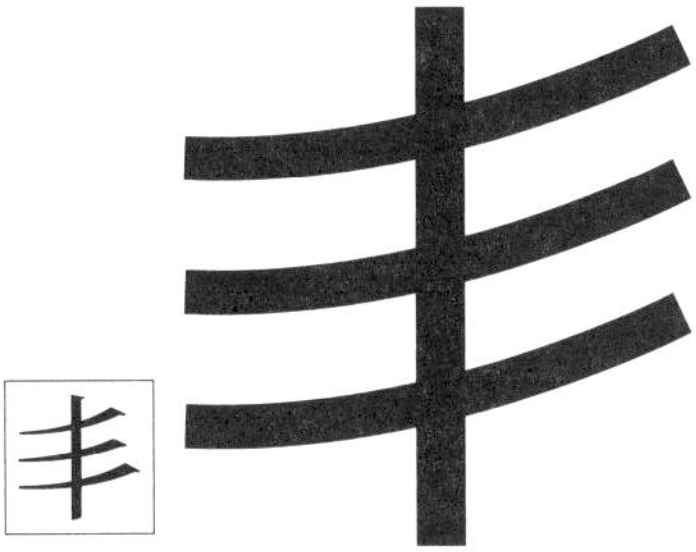

G

H

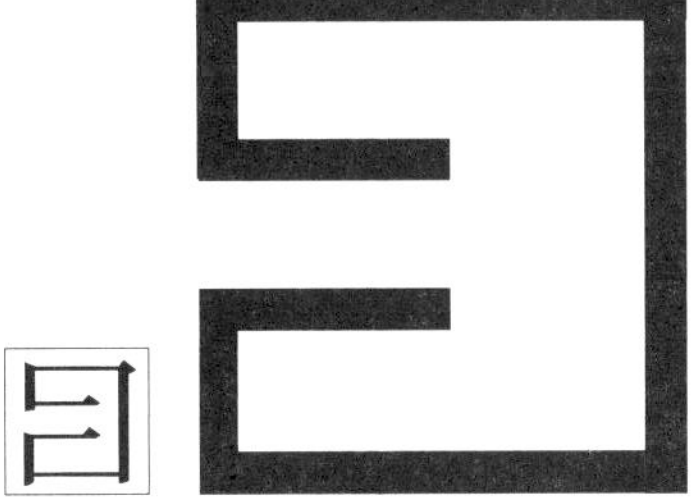

I

[問1]の答

亘　A＝③めぐる。「亘」の本字。（音セン。大263）

[問2]の答

冊　B＝⑪垣根。まがき。「柵」に同じ。（音サン・セン。大1523）

畕　C＝⑦宮中の道。「壸」に同じ。「壸」は「壺」に同じ。（音コ。大4736）

丰　D＝⑬草の盛んに茂るさま。（音ホウ・フ・ボウ。大76）

彐　E＝⑤多い。「多」の古字。（音タ。大5758）

㸚　F＝⑥交わる。（音リ。大19738）

丯　G＝⑭草が生じて散乱するさま。（音カイ。大75）

田　H＝⑨穴。（音ソウ。大4695）

爿　I＝⑩木ぎれ。「爿」の古字。（音ショウ。大19759）

【問3】ではこれはなんと読む？（馬場雄二オリジナル）

（幾何学模様のイメージに近づけるため、ゴシック体にしてあります）
（□には漢字が入ります）

□子

答えは 24 ページにあります。

［問3］の答

格子。
（20ページのB「冊」に関連させて幾何学模様にした表現）

③記号みたい？

【問1】円記号や円周率のような形をした漢字AとBは、それぞれ①～⑥のどの意味でしょう？

（記号のイメージに近づけるため、ゴシック体にしてあります）

𢆉

𢆉

A

兀

兀

B

①半分。　②高い。

③不完全。　④貨幣の単位。

⑤根。　⑥犯すことが甚だしい。

答えは 28 ページにあります。

【問2】次の「記号みたいな漢字」C〜Eは、⑦〜⑰のどの意味でしょう？

（記号のイメージに近づけるため、ゴシック体にしてあります）

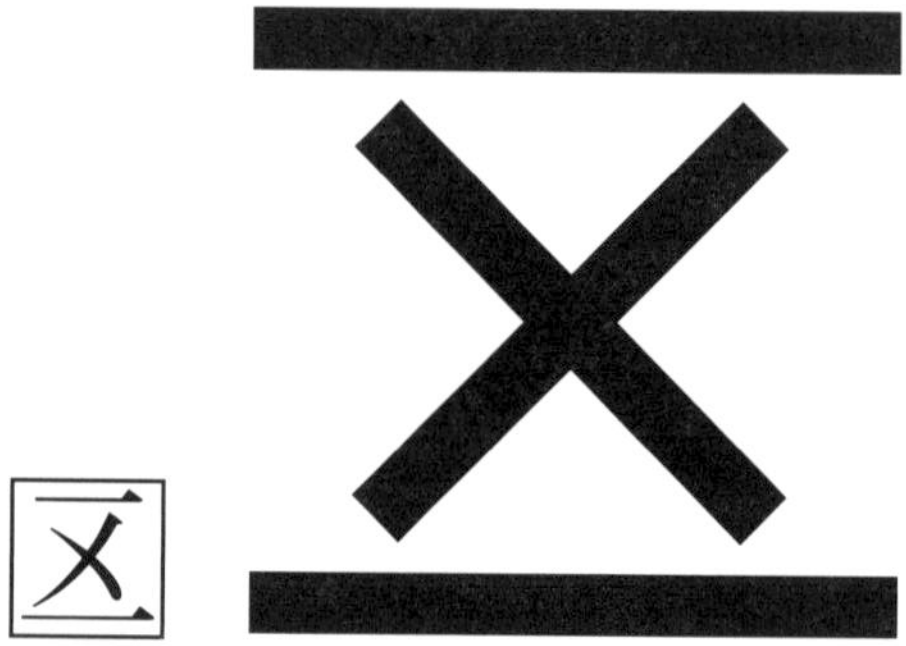

C

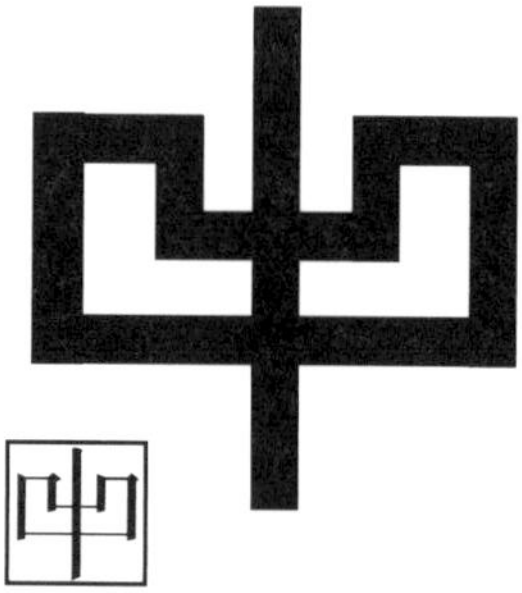

D

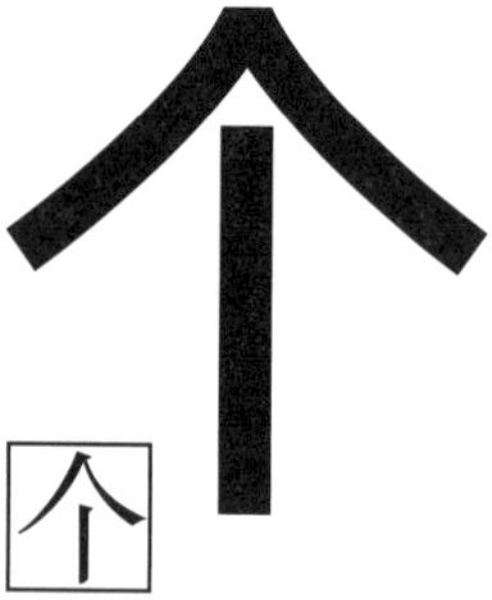

E

⑦聞く。

⑧行く先。

⑨数を数えるのに用いる字。

⑩巨（おお）きい。

⑪羊の角。

⑫災い。

⑬五つ。

⑭中心。

⑮ふたまた。

⑯川。

⑰回り道。

答えは 28 ページにあります。

G

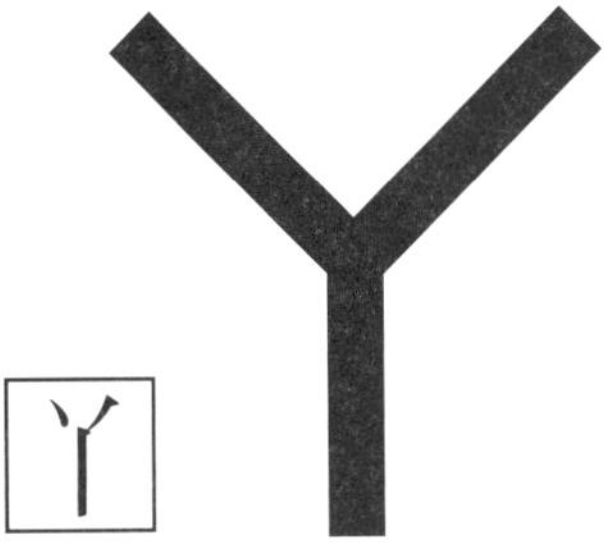

F

H

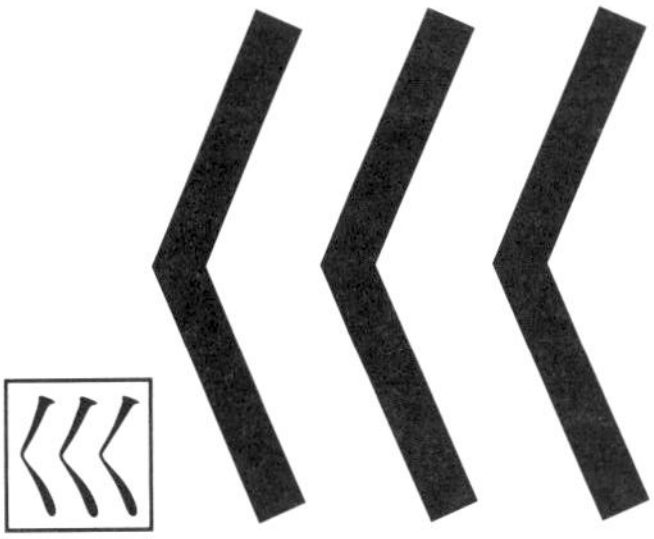

J

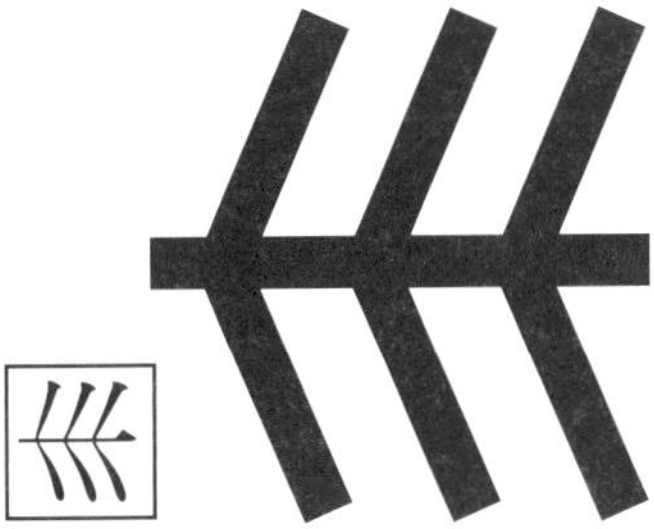

I

〔問1〕の答

𢆉A＝⑥犯すことが甚だしい。つき犯す。（音ジン・ニン。大9166）
兀B＝②高い。高くそびえた石。（音ゴツ・コツ。大1337）

〔問2〕の答

㐅C＝⑬五つ。「五」の古字。（音ゴ。大260）
𠕒D＝⑦聞く。（音ケン。大1818）
个E＝⑨数を数えるのに用いる字。「箇」・「個」に同じ。（音カ。大70）
丫F＝⑮ふたまた。木のまた。（音ア。大71）
丫G＝⑪羊の角。（音カイ・ケ。大78）
𢀓H＝⑩巨（おお）きい。「巨」の古字。（音キョ。大8717）
𡿧I＝⑫災い。「災」の本字。「災」は「災」の籀文。（音サイ。大8675）
巛J＝⑯川。「川」の本字。（音セン。大8669）

④物足りない感字？

【問1】物足りない感じの形をした漢字Aは、①～④のどの意味でしょう？

A

①崩れる。　②寂しい。
③家。　④家の一部分。

答えは32ページにあります。

【問2】次の「物足りない感字」B～Kは、⑤～⑱のどの意味でしょう？

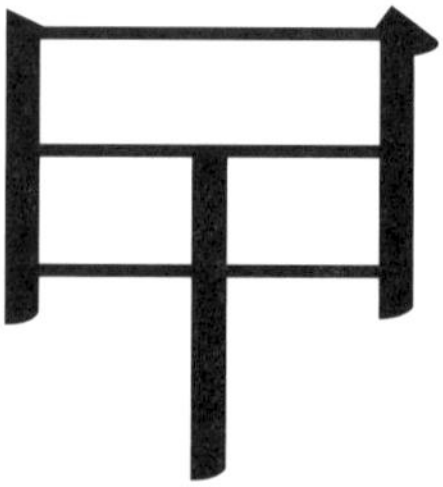

B

C

D

E

F

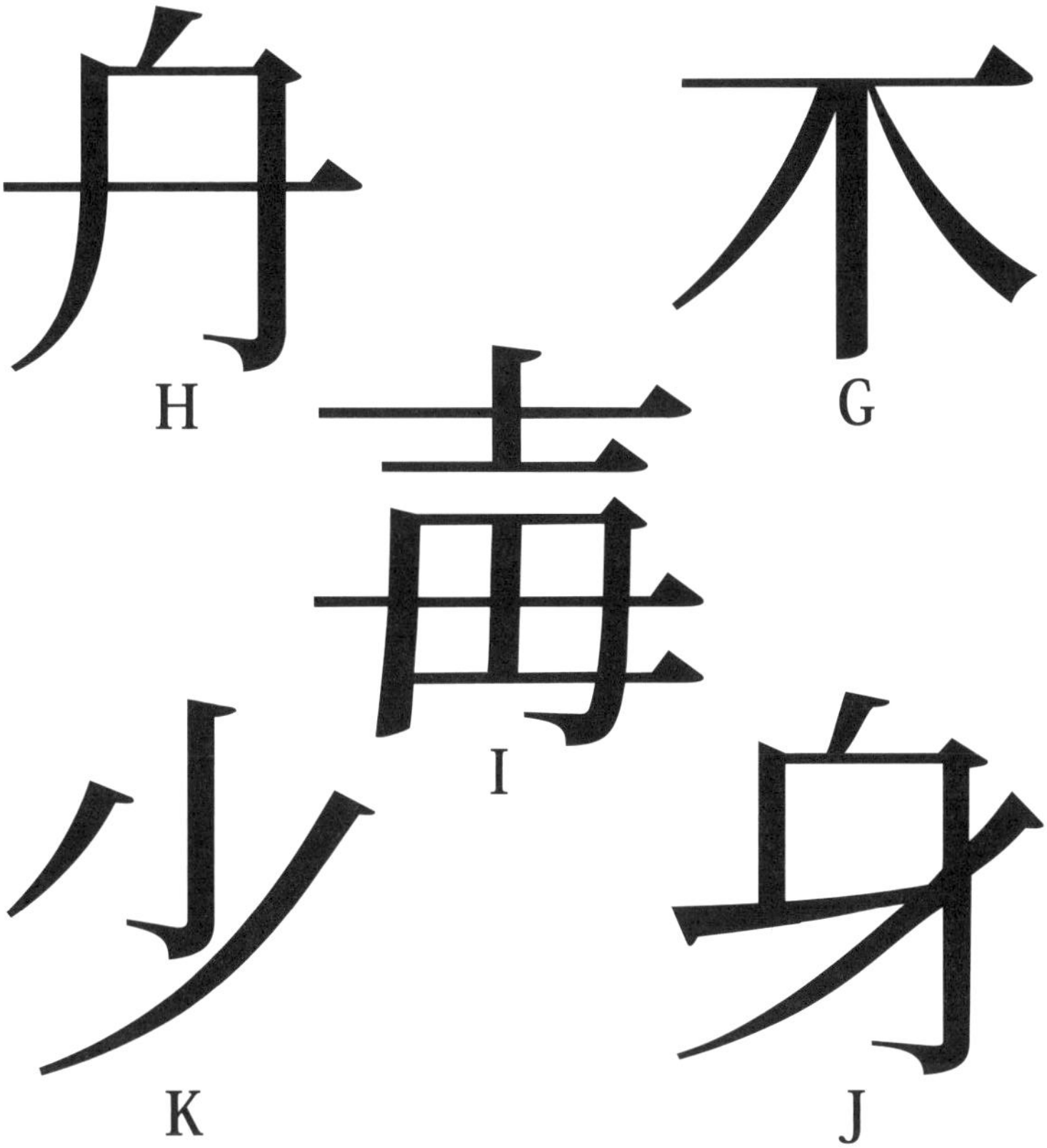

⑤むら。
⑥舟。
⑦物をとる。
⑧空身。
⑨巨(おお)きい。
⑩掘る。
⑪毒。
⑫脱毛。
⑬終わる。
⑭草の葉。
⑮切株。
⑯左のひじがない。
⑰みだら。
⑱踏む。

答えは 32 ページにあります。

［問1］の答

家 A＝②寂しい。「寂」に同じ。（音セキ。大7101）

［問2］の答

甲 B＝⑦物をとる。（音オウ。大14279）
子 C＝⑯左のひじがない。（音ケツ・カチ。大6932）
乇 D＝⑭草の葉。一説に草の花のさま。（音タク・チャク。大120）
王 E＝⑨巨（おお）きい。「巨」の古字。（音キョ。大8716）
而 F＝⑤むら。（音カク。大2887 2）
不 G＝⑮切株。（音カツ・ガチ。大14417）
舟 H＝⑬終わる。「終」の古字。（音シュウ。大1511）
毒 I＝⑰みだら。（音アイ。大16727）
身 J＝⑩掘る。「厥」の古字。（音ケツ。大38035）
少 K＝⑱踏む。（音タツ・タチ。大16254）

【問3】ではこれはなんと読む？（馬場雄二オリジナル）

（□には漢字、○には平仮名が入ります）

□い□○ない

答えは 34 ページにあります。

［問3］の答

食い足りない。
（まだ完全な「食」に至っていない表現だから）

⑤オマケが気になる？

[問1]「王」に点のオマケが気になる漢字Aは、①〜④のどの意味でしょう？

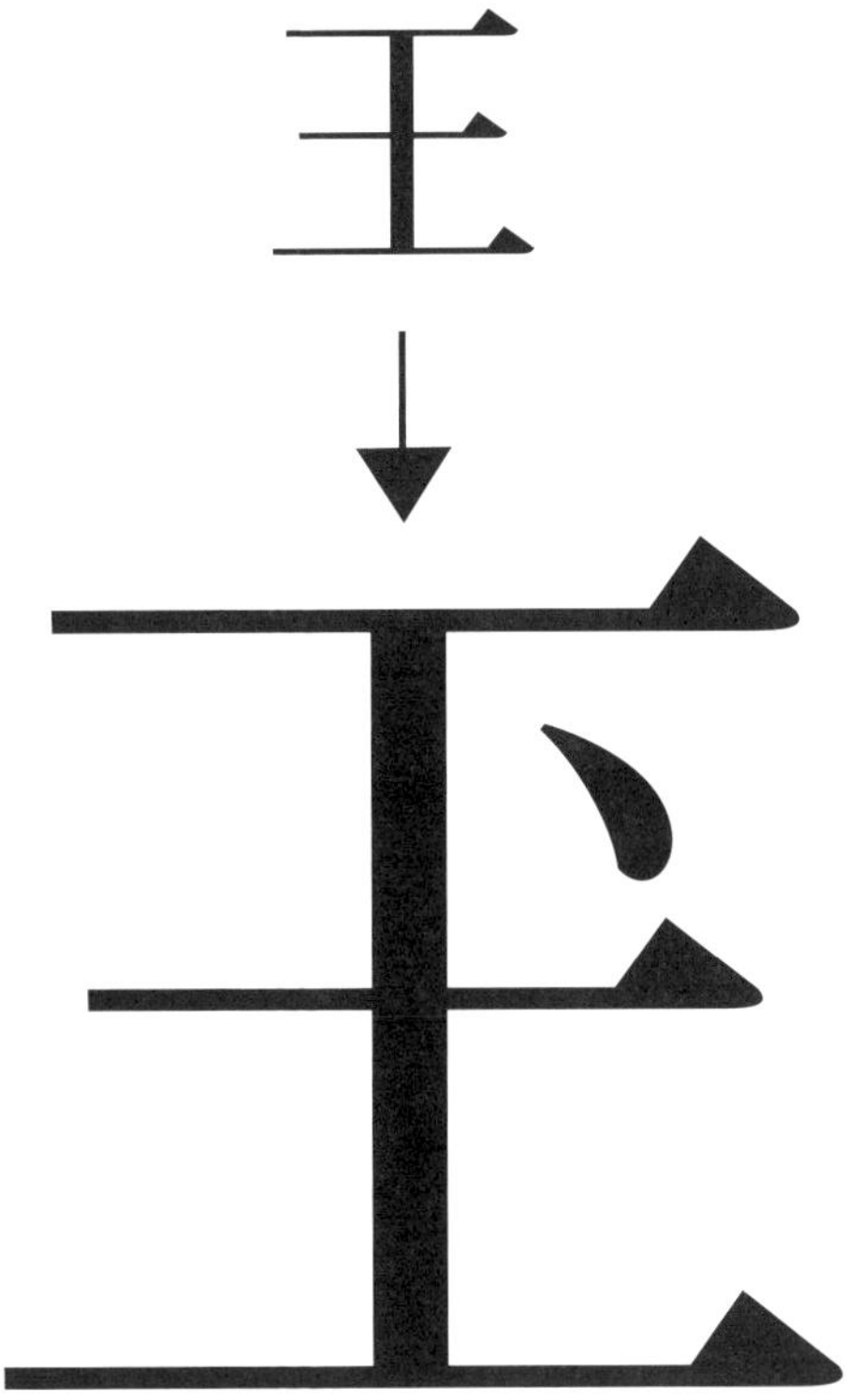

A

①新しい玉。　②王。
③きずのある玉。　④上等の玉。

答えは 38 ページにあります。

【問2】次の「オマケが気になる漢字」B〜Eは、
⑤〜⑯のどの意味でしょう？

B

C

D

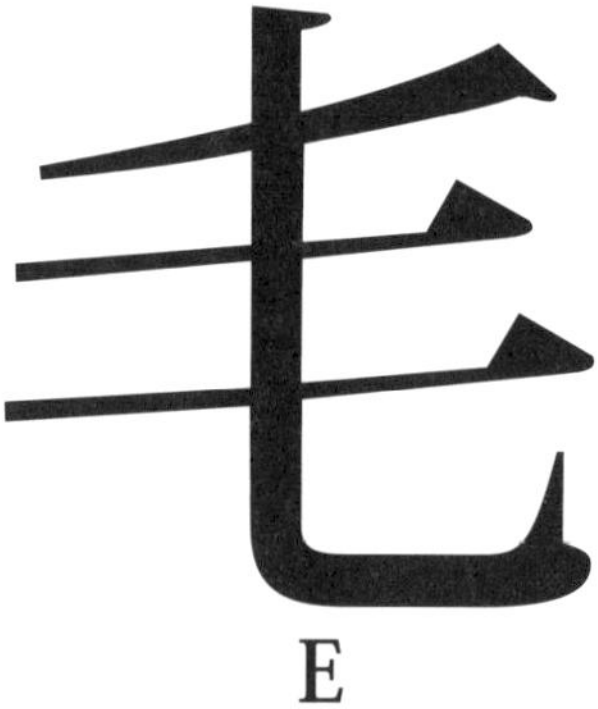

E

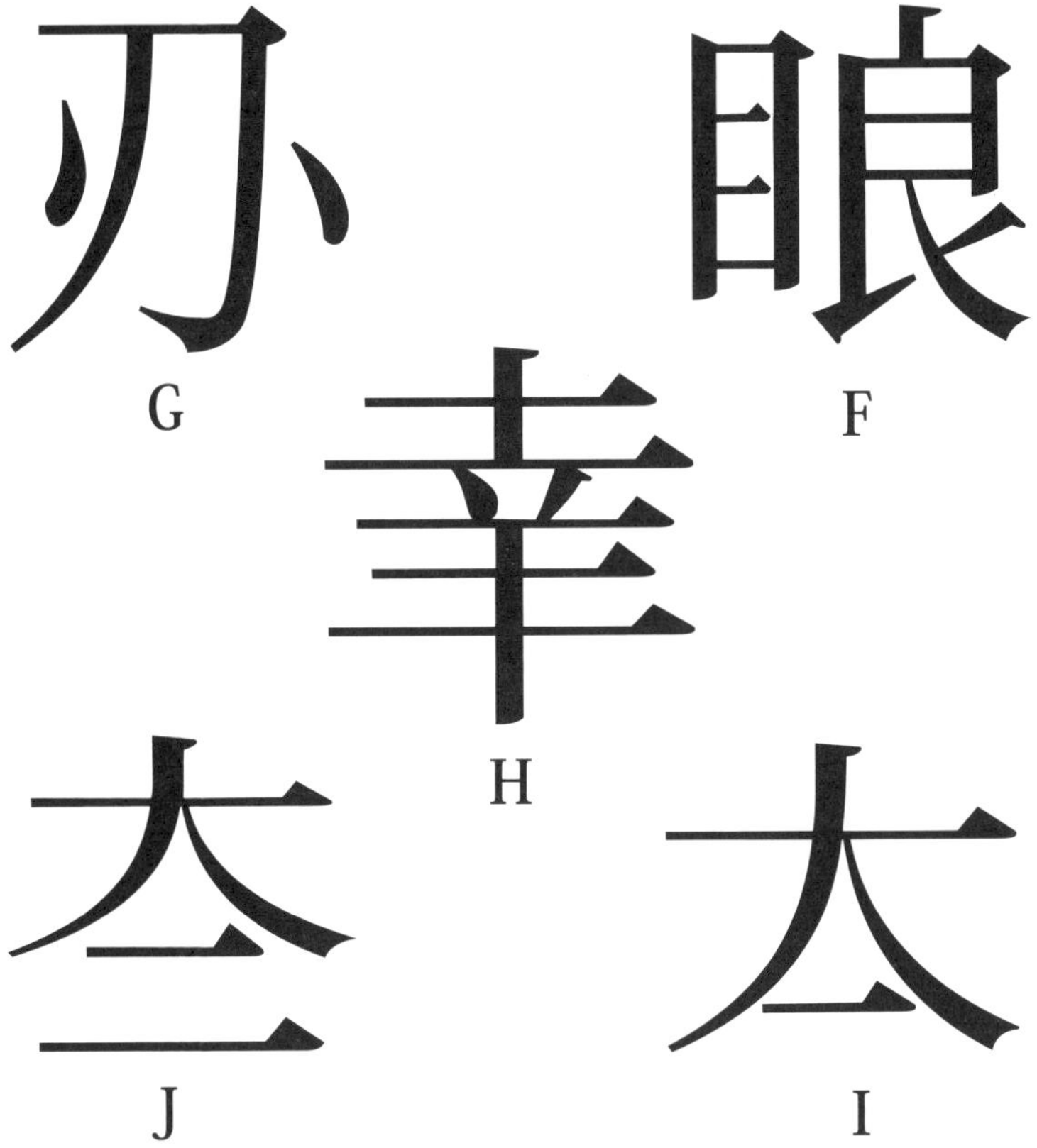

⑤小羊。　⑥一歳の馬。　⑦泰（やす）らか。大きい。

⑧三つ。　⑨発毛する。　⑩きずつける。

⑪少し太い。　⑫卯（う）。　⑬目。

⑭目を病む。　⑮立つ。　⑯馬の群れ。

答えは 38 ページにあります。

[問1]の答

王A＝③きずのある玉。(音シュク・スク。大20822)

[問2]の答

非B＝⑫卯(う)。「丣」に同じ。「丣」は「卯」の古字。(音ボウ。大42588)

馬C＝⑥一歳の馬。(音ケン・ゲン。大44573)

昨D＝⑬目。(音ソ。大23263)

毛E＝⑧三つ。「參」・「三」に同じ。(音サン。大16773)

眼F＝⑭目を病む。(音リョウ。大23369)

刅G＝⑩きずつける。両刃の刀。(音ソウ・ショウ。大1852)

幸H＝⑤小羊。「羍」の俗字。(音タツ。大28433)

太I＝⑮立つ。「立」に同じ。(音リツ。大5839)

夳J＝⑦泰(やす)らか。大きい。「泰」の古字。(音タイ。大5846)

【問3】ではこれはなんと読む？（宮狭淳泰＋馬場雄二オリジナル）

（□には漢字が入ります）

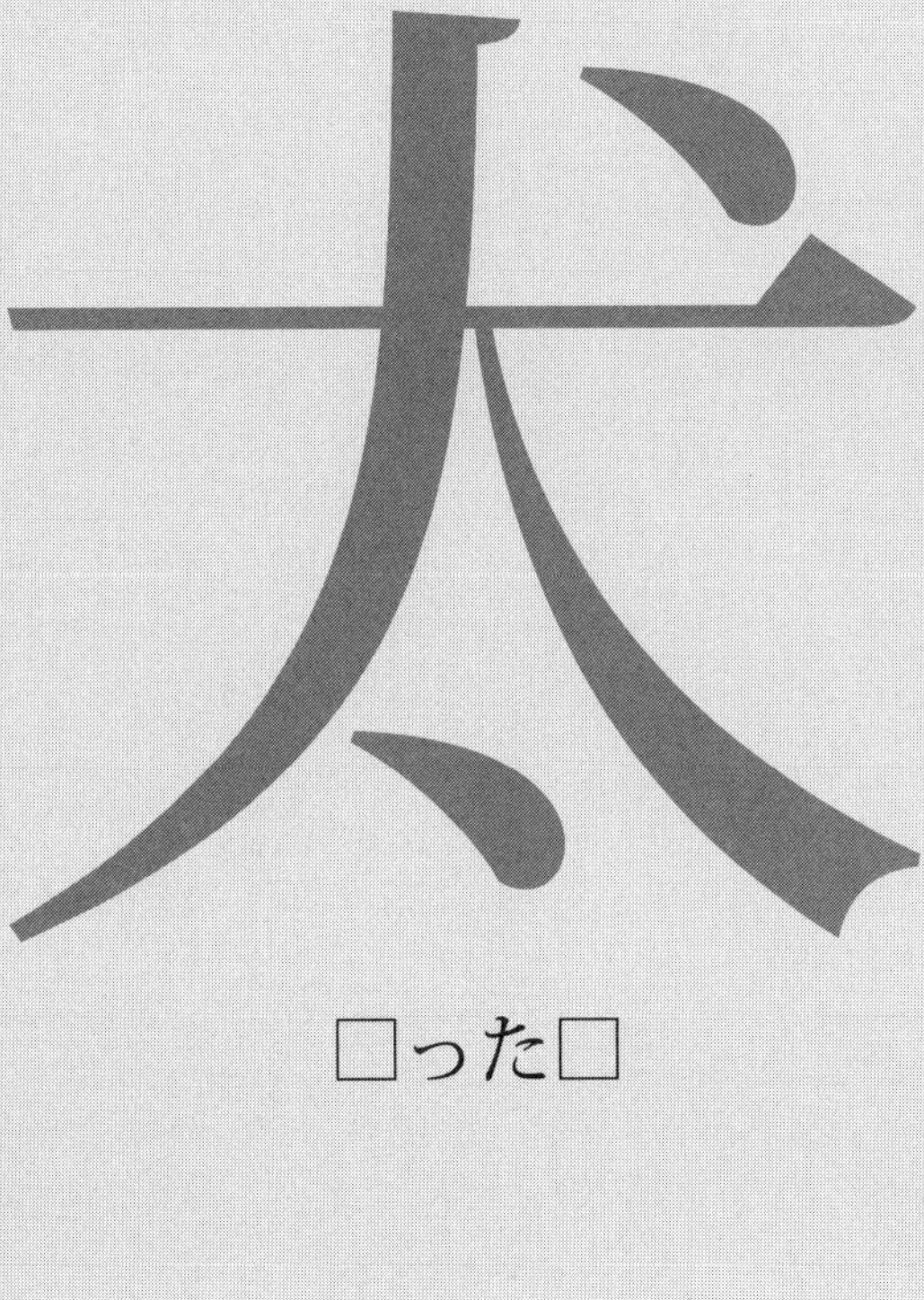

□った□

答えは40ページにあります。

［問3］の答

太った犬。
（「太」と「犬」とを一体化した表現）

⑥意味もひっくり返る？

［問1］「正」は、漢字Aのように逆になると、①～④のどの意味になるでしょう？

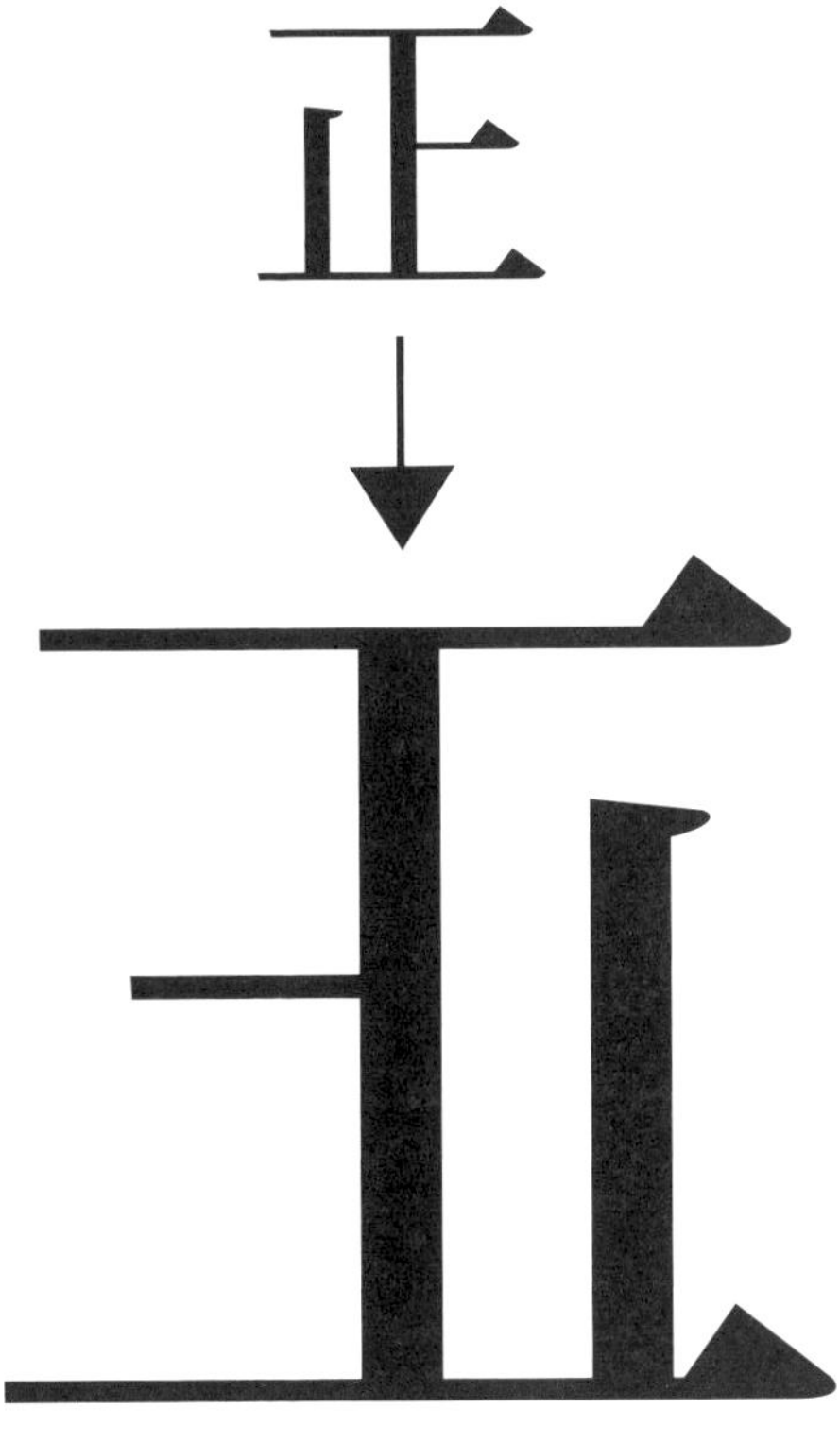

A

①不正。　②逆（さか）さま。
③乏しい。　④鏡。

答えは44ページにあります。

【問2】次の位置や方向が反対になっている漢字B～Eは、⑤～⑫のどの意味になるでしょう？

B

D

C

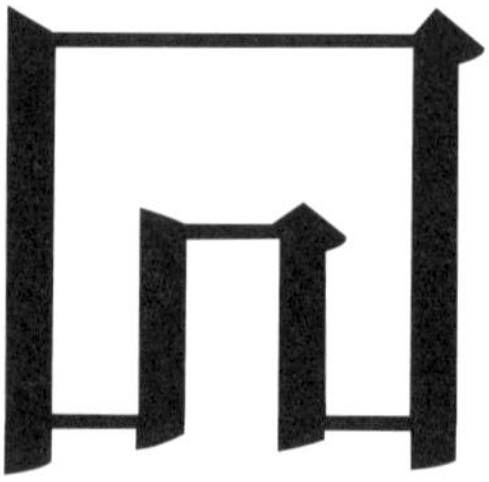

E

⑤まどわす。　⑥不良。

⑦懸ける。　⑧物が低く垂れる。

⑨自ら行う。　⑩樽をうける机。

⑪森。　⑫底が凹(へこ)む。

答えは 44 ページにあります。

【問3】次の漢字FとGは、同じ意味です。⑬〜⑯のどの意味になるでしょう？

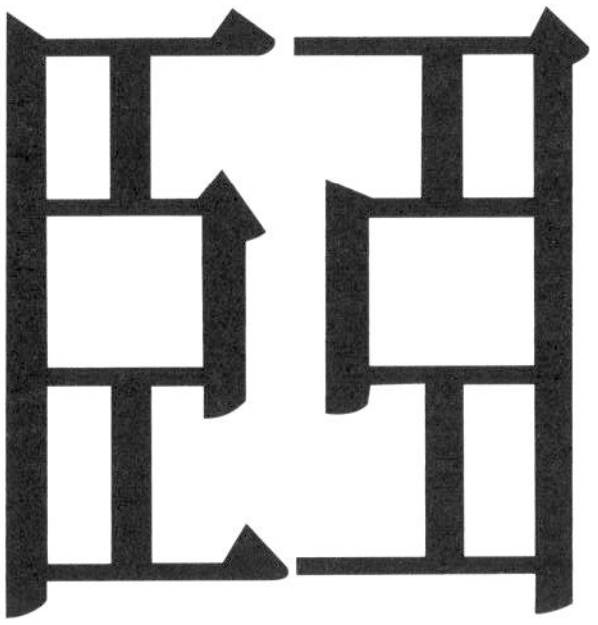

F

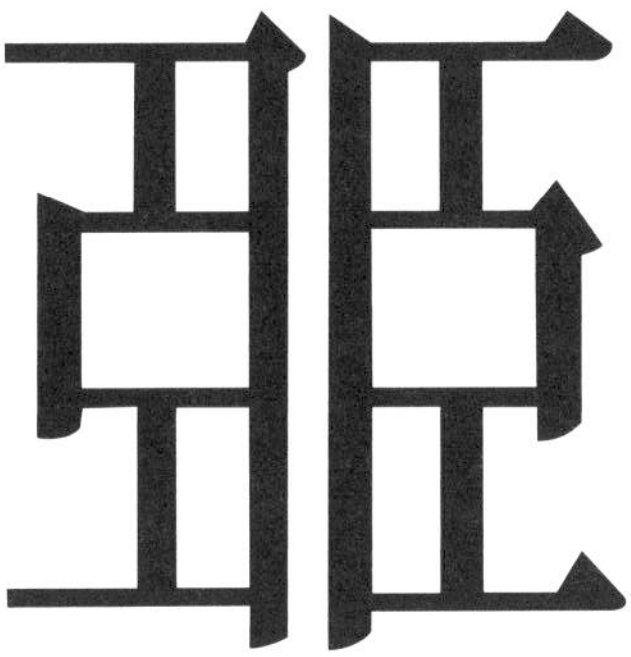

G

⑬臣下。

⑭従う。

⑮そむく。

⑯向き合う。

答えは 44 ページにあります。

［問1］の答

〓A＝③乏しい。「乏」の本字。（音ホウ。大16257）

［問2］の答

〓B＝⑦懸ける。（音チョウ。大229）

〓C＝⑩樽をうける机。（音キン・コン。大14975）

〓D＝⑤まどわす。「幻」の本字。（音ゲン。大234）

〓E＝⑧物が低く垂れる。（音ドウ・ノウ。大1520）

［問3］の答

⑮そむく。（音キョウ・コウ。〓F＝大30079。臦G＝大30078）

［問4］ではこれはなんと読む？（馬場雄二オリジナル）

（□には漢字が入ります）

□さ□□

答えは46ページにあります。

［問4］の答

逆さ言葉。
（言葉を表す「言」が上下ひっくり返っている表現だから）

⑦口数が多いぞ？

【問1】「口」が5つも集まっている漢字Aは、①～④のどの意味でしょう？

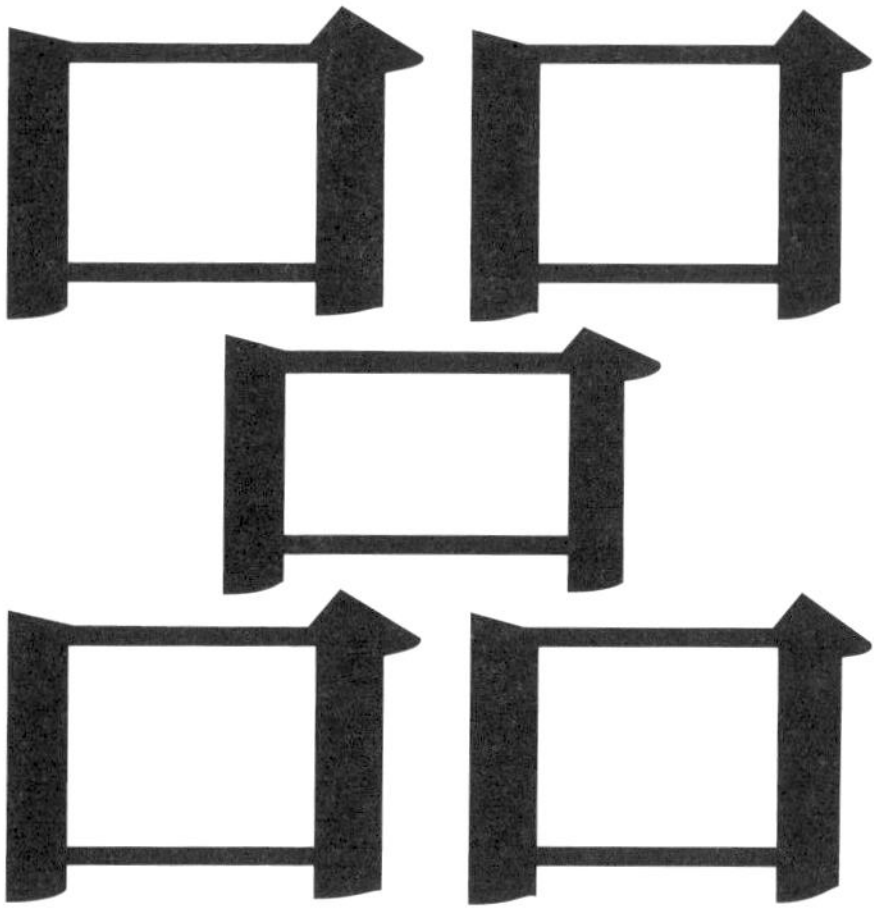

A

①たくさんの品。　②騒がしい。
③要(かなめ)。　④集まる。

答えは 50 ページにあります。

【問2】次の「口数が多い漢字」B〜Gは、⑤〜⑬のどの意味でしょう？

吅

B

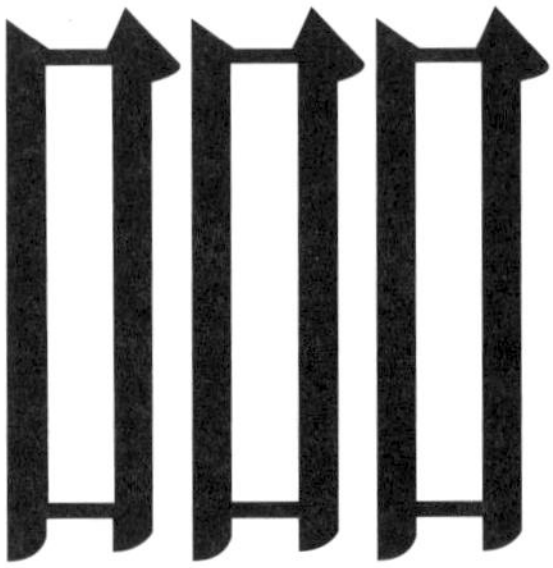

C

㗊

D

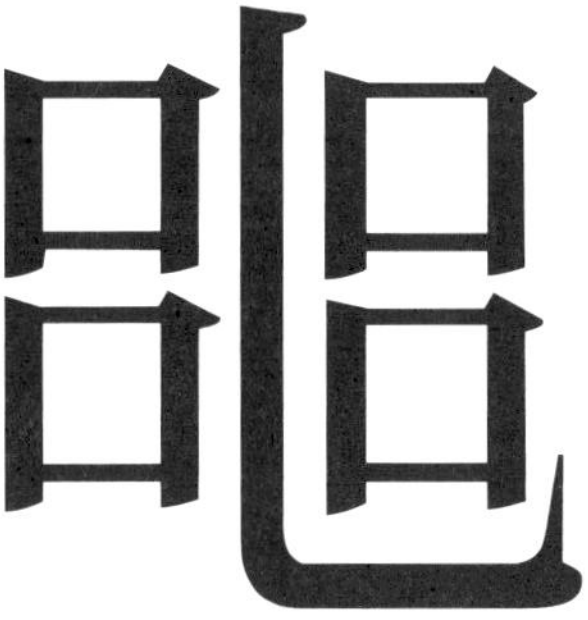

F

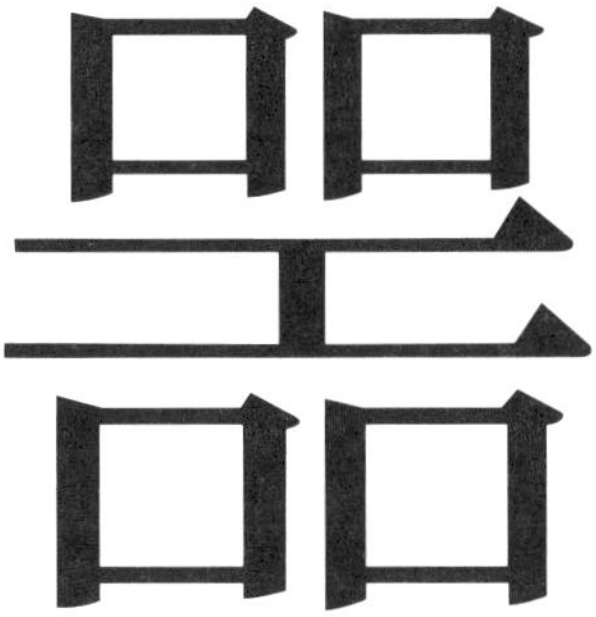

E

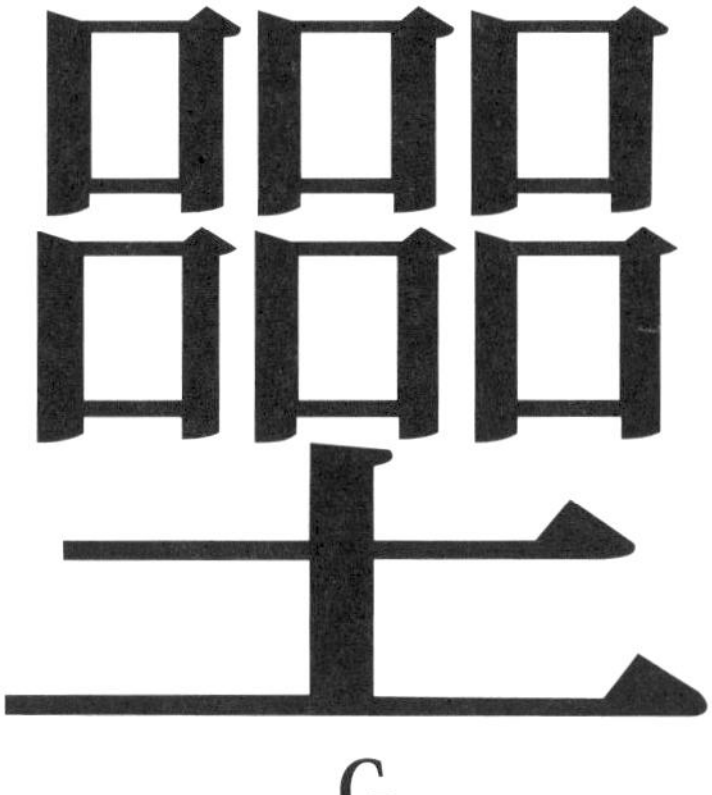

G

---

⑤おろか。　⑥呼びたてる。　⑦器（うつわ）。

⑧口を合わせる。　⑨かまびすしい。　⑩多くの声。

⑪多くの品。　⑫三人で話す。　⑬わめく。

答えは 50 ページにあります。

【問1】の答

〓 A＝③要（かなめ）。「要」の古字。（音ヨウ。大4316）

【問2】の答

吅 B＝⑥呼びたてる。（音ケン・カン。大3282）

〓 C＝⑩多くの声。多くの鳥。（音レイ・リョウ。大3582）

㗊 D＝⑨かまびすしい。（音シュウ。大3989）

噐 E＝⑦器（うつわ）。「器」の俗字。（音キ。大4311）

嘂 F＝⑬わめく。（音キョウ。大4122）

〓 G＝⑤おろか。（音ギュウ・グ。大5618）

[問3] では これは なんと読む？（馬場雄二オリジナル）

（□には漢字が入ります）

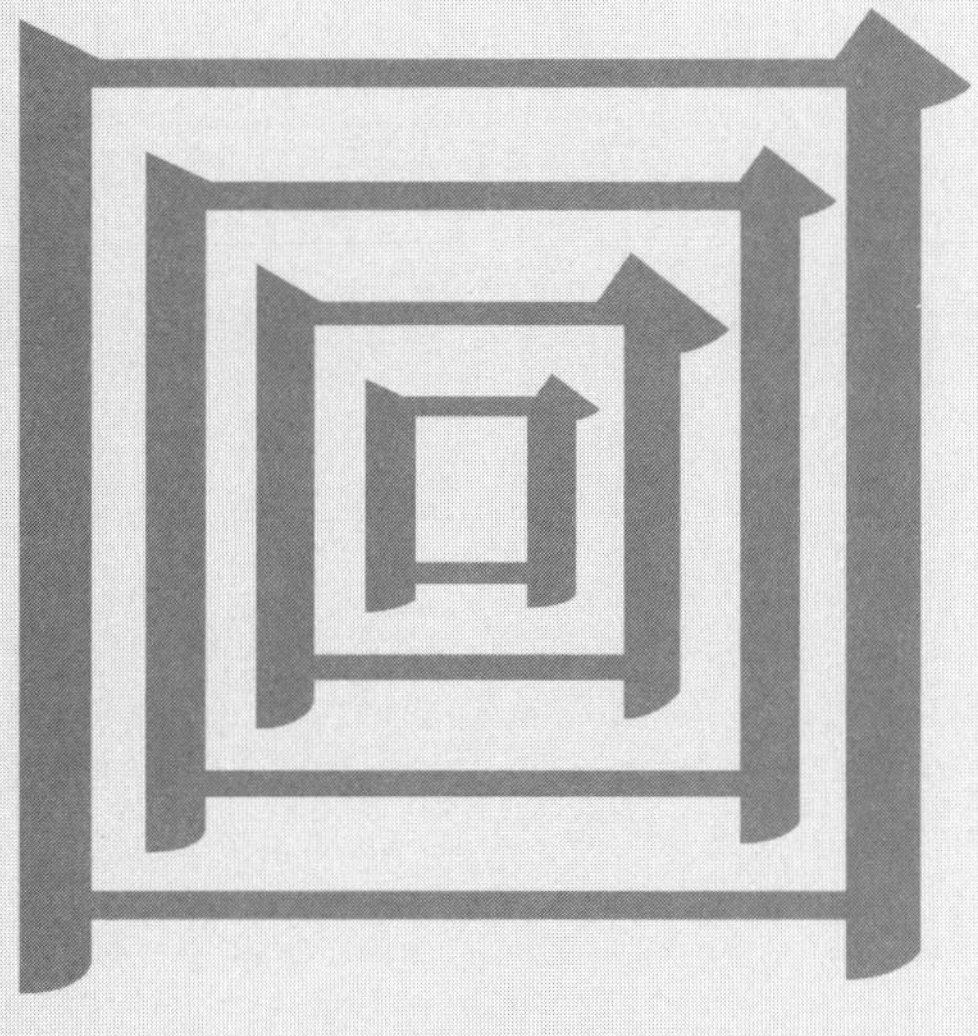

□を□ねる

答えは 52 ページにあります。

［問3］の答

回を重ねる。
（中央の向かって「回」が重なっている表現だから）

⑧三つ子も四つ子も大集合？

［問1］同じ漢字（子）が三つ集まっているAは、①～④のどの意味でしょう？

孨

A

①かわいい。　②幼い。
③弱い。　④三つ子。

答えは 56 ページにあります。

【問2】次の「三つ子漢字」B〜Mは、⑤〜⑯のどの意味でしょう？

嚞　B

⿱欠⿰欠欠　C

鑫　D

皛　E

⿱天⿰天天　F

⿱止⿰止止　G

矗　H

聶　I

鱻　J

⿱空⿰空空　K

⿱若⿰若若　L

⿱面⿰面面　M

⑤哲(さと)い。　⑥渋る。　⑦水の上を風が吹きわたるさま。

⑧月の光。　⑨ささやく。　⑩草木が盛んに茂る。

⑪鮮(あたら)しい。　⑫金が増える。　⑬あらわれる。

⑭あくび。　⑮風の声。　⑯顔が肥えている。

答えは56ページにあります。

［問3］次の「三つ子漢字」と「四つ子漢字」N〜Tは、⑰〜㉘のどの意味でしょう？

驫	麤	龘
N	O	P

𣸣	𪚥
Q	R

𩇔	⿱⿰雷雷⿰雷雷
S	T

---

⑰馬乗り。　⑱竜の群れ。　⑲多くの馬。

⑳大水。　㉑鹿の群れ。　㉒言葉が多い。

㉓魚の群れ。　㉔遠ざかる。　㉕いかずちの音。

㉖雲の広いさま。　㉗竜の行くさま。　㉘湖。

答えは 57 ページにあります。

【問1】の答

孨A＝③弱い。つつしむ。（音セン。大6976）

【問2】の答

嚞B＝⑤哲（さと）い。「哲」の古字。（音テツ。大4528）

⿱欠⿰欠欠C＝⑭あくび。「欠」の古字。「欠」は本来「あくび」という意。（音ケン。大16115）

鑫D＝⑫金が増える。（音キン・コン。大41040）

皛E＝⑬あらわれる。明らか。（音キョウ・ギョウ。大22766）

⿱天⿰天天F＝⑧月の光。「晈」に同じ。（音コウ。大5977）

歮G＝⑥渋る。「澀」に同じ。「澀」は「渋」の正字。（音シュウ。大16317）

矗H＝⑩草木が盛んに茂る。（音チク。大23836）

聶I＝⑨ささやく。（音ジョウ・ニョウ。大29179）

鱻J＝⑪鮮（あたら）しい。「鮮」に同じ。（音セン。大46632）

⿱空⿰空空K＝⑮風の声。（音トウ・ズ。大25716）

⿱若⿰若若L＝⑦水の上を風が吹きわたるさま。（音ヤク。大32653）

⿱面⿰面面M＝⑯顔が肥えている。「䪾」に同じ。（音カイ。大42706）

【問3】の答

驫N＝⑲多くの馬。（音ヒュウ・ヒュ。大45094）

麤O＝㉔遠ざかる。はなれる。（音ソ・ゾ。大47714）

龘P＝㉗竜の行くさま。（音トウ。大48845）

𣳾Q＝⑳大水。（音バン・マン。大18361）

𪚥R＝㉒言葉が多い。多言。（音テツ・テチ。大48846）

𩇔S＝㉖雲の広いさま。（音ドウ。大42562）

䨻T＝㉕いかずちの音。（音ホウ・ビョウ。大42563）

【問4】ではこれはなんと読む？（馬場雄二オリジナル）

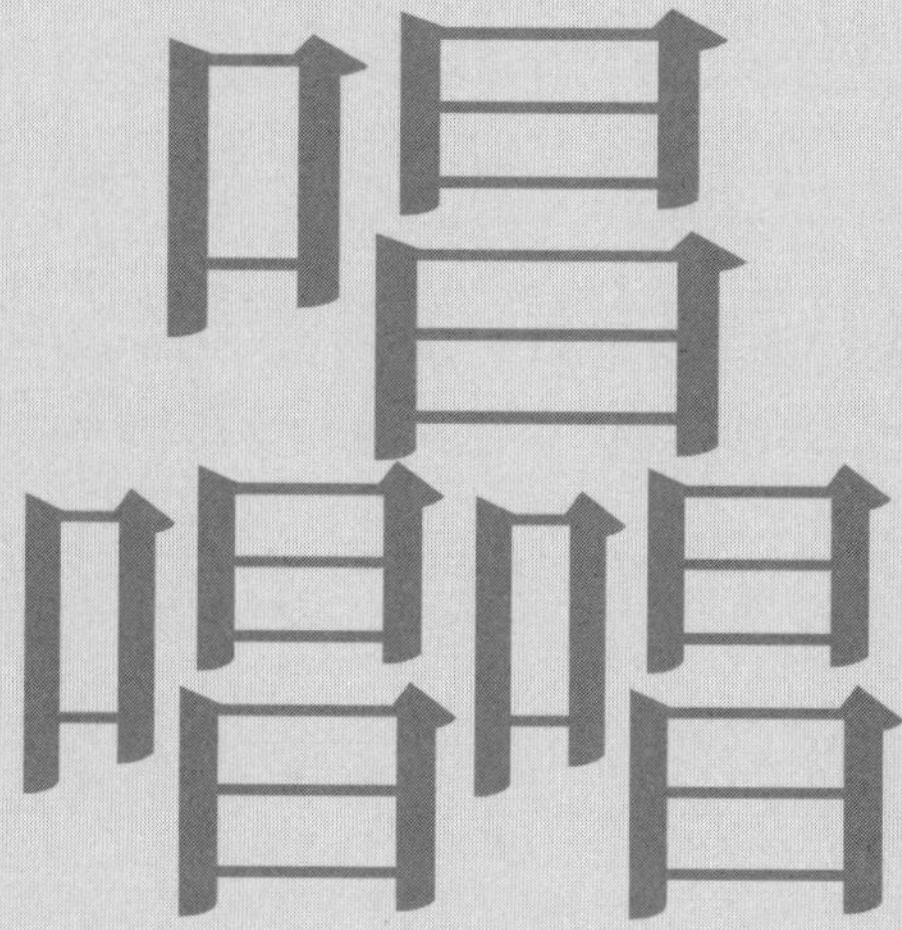

□重□

答えは64ページにあります。

⑨変身が得意？

【問1】漢字AがBやCのように変身しています。それぞれ①～④のどの意味でしょう？

屮
A

㞢
B

生
C

①山。　②之(これ)。
③芽生え。　④生む。

答えは62ページにあります。

【問2】次の「変身する漢字」D〜Lは、⑤〜⑯のどの意味でしょう？

⑤重ねておおう。　⑥恵む。　⑦丈夫な門。

⑧査(しら)べる。　⑨真っ直ぐ。　⑩門をあけたてする音。

⑪頭巾。　⑫閉じる。　⑬同じ。

⑭専ら。　⑮かんぬき。　⑯国境の地。

答えは62ページにあります。

【問3】次の「変身する漢字」M～Vは、⑰～㉘のどの意味でしょう？

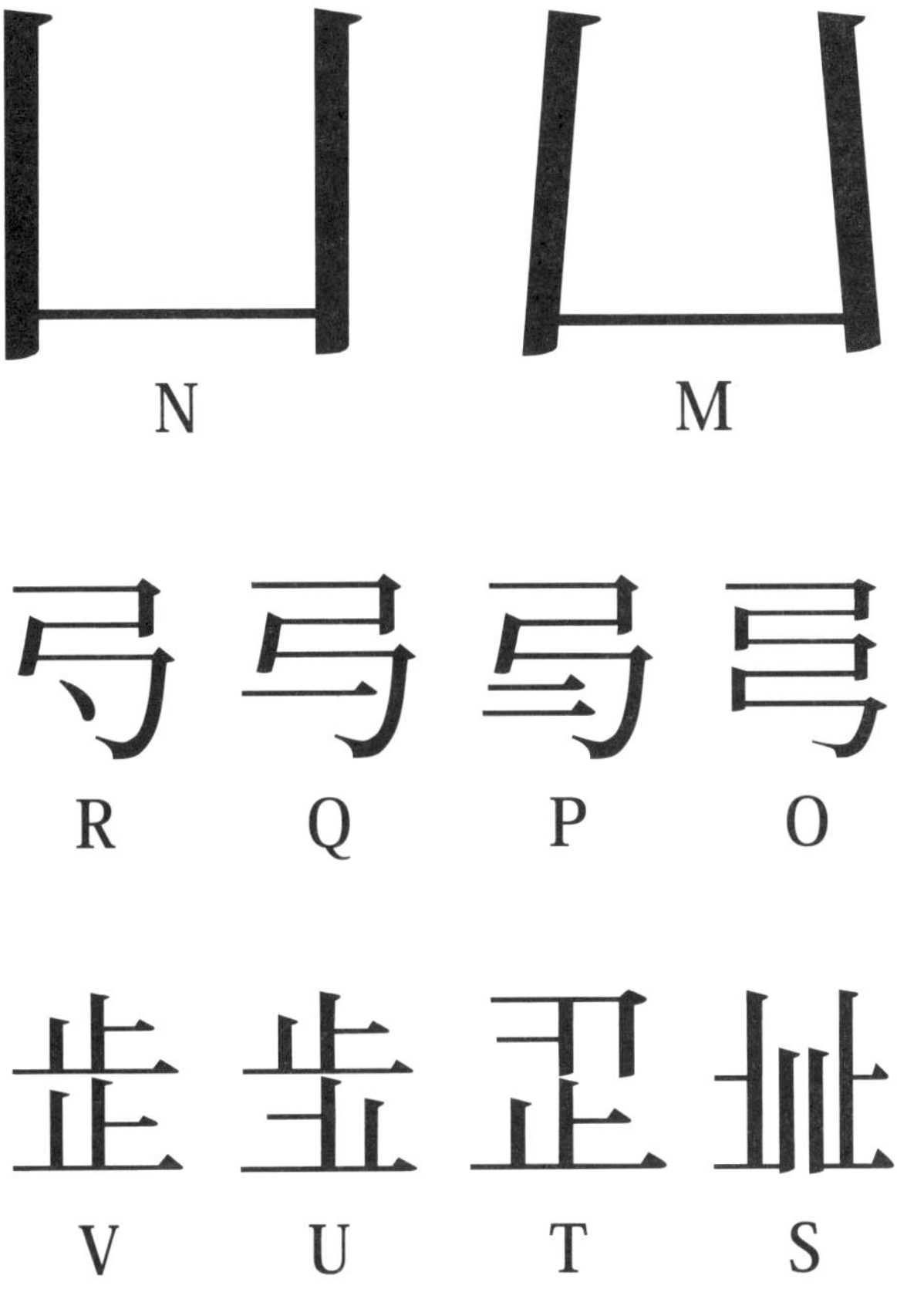

⑰乃（すなわ）ち。　⑱巻（まき）。　⑲渋る。

⑳踏む。　㉑走る。　㉒口を張り広げる。

㉓糾（あざな）う。　㉔そむく。　㉕柳の材で作った飯器。

㉖弾（はじ）く。　㉗止まる。　㉘多くの弓。

答えは64ページにあります。

[問1]の答

屮A＝③芽生え。（音テツ・テチ。大7825）

㞢B＝②之（これ）。「之」の本字。（音シ。大7829）

生C＝④生む。「生」の古字。（音セイ。大7832）

[問2]の答

冂D＝⑯国境の地。国邑（こくゆう）に遠い地。（音ケイ・キョウ。大1506）

冃E＝⑤重ねておおう。（音ボウ・モウ。大1507）

冃F＝⑪頭巾。（音ボウ・モウ。大1508）

直G＝⑥恵む。「悳」の古字。（音ケイ。大30101）

直H＝⑨真っ直ぐ。「直」の俗字。（音チク。大23145）

直I＝⑭専ら。「専」の古字。（音セン。大2801）

閣J＝⑩門をあけたてする音。（音カク。大41337）

闗K＝⑮かんぬき。とざし。（音コウ。大41483）

闃L＝⑫閉じる。（音ゴク。大41482）

【問4】ではこの道路標識はなんと読む？（馬場雄二オリジナル）

（□に漢字が入ります）

□□あり。

答えは64ページにあります。

［問3］の答

凵M＝㉕柳の材で作った飯器。（音キョ・コ。大1801）

凵N＝㉒口を張り広げる。（音カン・コン。大1800）

𢎗O＝⑰乃（すなわ）ち。「乃」の古字。（音ダイ。大9712）

𢎪P＝㉓糾（あざな）う。「糾」に同じ。（音キュウ。大9710）

𢎥Q＝⑱巻（まき）。「巻」に同じ。（音ケン。大9702）

𢎘R＝㉖弾（はじ）く。「弾」に同じ。（音ダン。大9696）

𣥠S＝㉔そむく。「癶」の本字。（音ハツ。大4919 4）

𣥒T＝⑲渋る。「歰」の本字。「歰」は「澀」に同じ。（音シュウ。大16274）

𣥂U＝⑳踏む。「少」に同じ。（音タツ。大16281）

𧺆V＝㉑走る。「走」の譌字（かじ）。（音ソウ。大16279）

63ページの［問4］の答

凹凸あり。（「凸」と「凹」を組み合わせ、道路にでこぼこがあることを表示した標識）

58ページの［問4］の答

三重唱。（「唱」が三つ重なっている表現だから）

第2部 意味

見慣れた漢字が変化したり
組み合わさったりすると・・・
さて
一体どんな意味になるのでしょう。

①ライバルが同居？

【問1】反対の意味をもつ漢字が同居しているAとBは、実は同じ意味です。①～④のどの意味でしょう？

嬲

A

嫐

B

①男女共用。　②愛する。
③男女関係。　④なぶる。

答えは70ページにあります。

【問2】次の「ライバルが同居している漢字」C〜Kは、⑤〜⑭のどの意味でしょう？

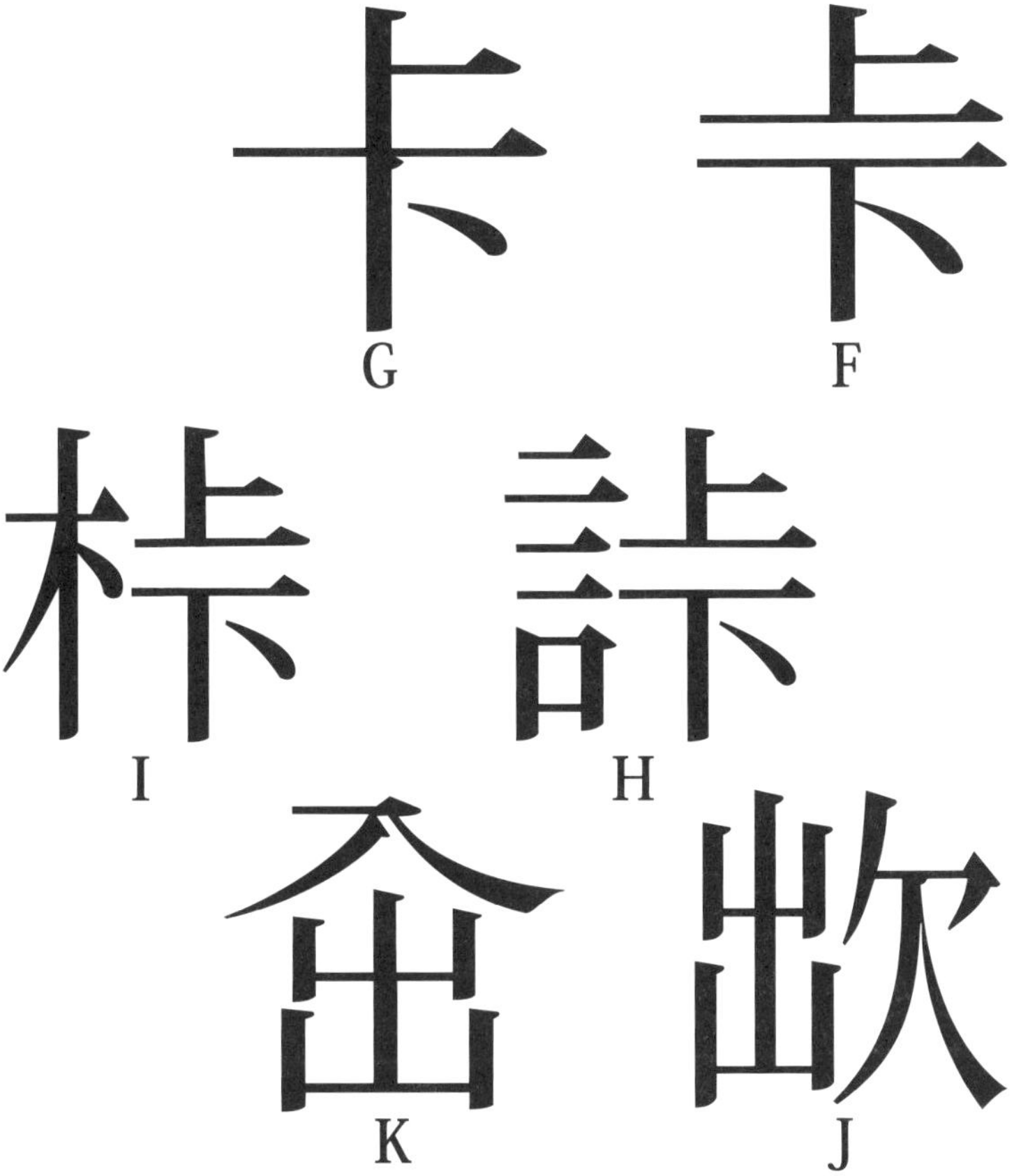

⑤関所。　⑥とがる。　⑦かせ。
⑧逆(さか)さにする。　⑨出る。　⑩小声で言う。
⑪子供のもてあそぶ物。　⑫もてあそぶ。　⑬恥じない。
⑭物の上が大きくて、下が小さいこと。

答えは 70 ページにあります。

[問1]の答

④なぶる。(音ドウ・ノウ。𨶹A＝大6831。嬲B＝大6626)

[問2]の答

夵C＝⑭物の上が大きくて、下が小さいこと。(音エン。大5849)

尖D＝⑥とがる。鋭い。(音セン。大7480)

尜E＝⑪子供のもてあそぶ物。(音未詳。大7500)

𠧪F＝⑫もてあそぶ。「弄」に同じ。(音ロウ。大2784)

卡G＝⑤関所。(音ソウ・ゾウ。大2781)

𧧻H＝⑩小声で言う。「咔」に同じ。(音ロウ。大35443)

𣏌I＝⑦かせ。紡いだ糸を巻く器具。(国字。大14796)

欯J＝⑬恥じない。厚かましい。(音キツ・キチ。大16040)

𠙽K＝⑨出る。(音コツ。大1432)

【問3】ではこれはなんと読む？（馬場雄二オリジナル）
（□には漢字が入ります）

男男男
男女男
男男男

□一□

答えは 72 ページにあります。

〔問3〕の答

紅一点。

（多くの「男」の中にただ一人の「女」がいる表現）

②四季を漢字ちゃう？

【問1】「春・夏・秋・冬」が入っているA～Dは、①～④のどの意味でしょう？（一つだけ大漢和辞典にはない漢字があります）

膡 A	腹 B
脉 C	脸 D

①うずく。
②ももとすねとの間。
③肥える。
④（大漢和になし）

答えは 76 ページにあります。

［問２］「春・夏・秋・冬」が入っているE～Lは、⑤～⑮のどの意味でしょう？

（E～H、I～Lそれぞれに大漢和辞典にはない漢字が一つずつあります）

憃
E

⿱夏心
F

愁
G

⿱冬心
H

I

嚘

J

啾

K

咚

L

⑤吹く。　⑥乱れる。　⑦うららか。

⑧喉が渇く。　⑨（大漢和になし）　⑩憂える。「憂」に同じ。

⑪声が変わる。　⑫すがすがしい。　⑬小児の声。

⑭うれえる。悲しむ。　⑮さみしい。

答えは 76 ページにあります。

[問1]の答

䐏A＝③肥える。(音シュン。大29674)
⿰月夏B＝④(大漢和になし。「腹」の譌字[かじ]、あるいは国字と言われています)
⿰月秋C＝②ももとすねとの間。(音シュウ・シュ。大29676)
⿰月冬D＝①うずく。いたむ。「疼」の古字。(音トウ。大29361)

[問2]の答

惷E＝⑥乱れる。(音シュン。大10864)
⿱夏心F＝⑩憂える。「憂」に同じ。(音ユウ。大11074)
愁G＝⑭うれえる。悲しむ。(音シュウ・ジュ。大10885)
⿱冬心H＝⑨(大漢和になし)
⿰口春I＝⑤吹く。(音シュン。大3902)
嗄J＝⑪声が変わる。(音サ・シャ。大4047)
啾K＝⑬小児の声。(音シュウ・シュ。大3892)
咚L＝⑨(大漢和になし。現代中国語では擬声語として使われています)

【問3】ではこれはなんと読む？（馬場雄二オリジナル）

（□には漢字が入ります）

□月□

（ヒント：新入生／新入社員）

答えは78ページにあります。

[問3]の答

五月病。

ちなみに、「瘕」・「瘷」・「疼」は大漢和辞典に収録されています。

瘕＝家。「叚」に同じ。（音カ。大22428）

瘷＝ちぢむ。（音シュウ・シュ。大22341）

疼＝うずく。いたむ。（音トウ・ズ。大22105）

③一味変わった漢数字？

【問1】見慣れた漢数字が一味変化したAは、①〜④のどの意味でしょう？

A

①十八。　②九。
③引く。　④一か八か。

答えは 82 ページにあります。

【問2】次の「一味変わった漢数字」B〜Hは、
⑤〜⑯のどの意味でしょう？

弌

B

C

亖

D

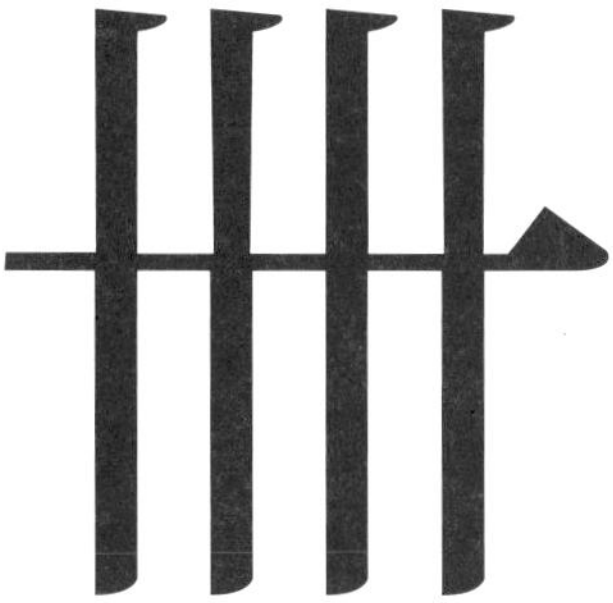

E

F

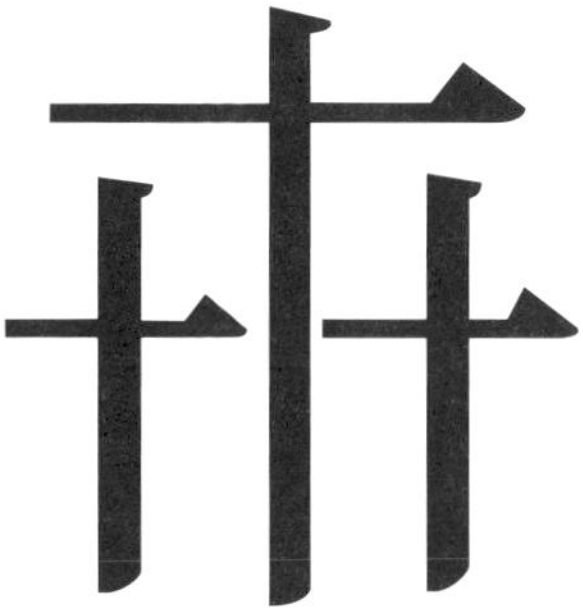

G

H

---

⑤二。 ⑥二十二。 ⑦七。

⑧四。 ⑨一。 ⑩八十八。

⑪二百。 ⑫三十。 ⑬四十。

⑭わかつ。 ⑮くい。 ⑯六十四。

答えは 82 ページにあります。

【問1】の答

𠬞A＝③引く。「𠬛」に同じ。（〔音〕ハン。〔大〕1451）

【問2】の答

弌B＝⑨一。「一」の古字。（〔音〕イチ。〔大〕9658）

弋C＝⑮くい。「弋」に同じ。（〔音〕ヨク。〔大〕9657）

亖D＝⑧四。「四」の籀文。（〔音〕シ。〔大〕259）

卌E＝⑬四十。「卌」に同じ。（〔音〕シュウ。〔大〕2712）

𠔁F＝⑭わかつ。「別」の古字。（〔音〕ヘツ・ヘチ。〔大〕1454）

𠦄G＝⑫三十。「卅」の本字。（〔音〕ソウ。〔大〕2719）

皕H＝⑪二百。（〔音〕ヒョク・ヒキ。〔大〕22735）

【問3】では 次の①と②は なんと読む？（馬場雄二オリジナル）

（□には漢字が入ります）

①□□

②□□

答えは84ページにあります。

［問3］の答

①五十。（「十」が五個）

②百二。（「百」の中に横線がもう二本）

ちなみに、横線が「百」より一本多い「百」は大漢和辞典に収録されています。

百＝かしら。「首」・「頁」に同じ。（音シュウ・シュ。大30099）

④二字熟語になってる?

【問1】二字熟語「必見」が一字の漢字になっているAは、①～④のどの意味でしょう?

A

①ちらりと見る。　②しっかり見る。
③重要。　④目立つ。

答えは88ページにあります。

【問2】次の「二字熟語漢字」B〜Fは、⑤〜⑱のどの意味でしょう？

B

C

D

E

F

I

G

J

H

---

⑤雨天。
⑥はかりごと。
⑦大きい。
⑧虫歯。
⑨人をよぶ声。
⑩そらまめ。
⑪退ける。
⑫かむ。
⑬赤。
⑭叱りこばむ。
⑮かぶと。
⑯需(もと)める。
⑰力をこめる。
⑱沈黙。

答えは88ページにあります。

[問1]の答

覕A＝①ちらりと見る。（音ヘツ・ベチ。大34828）

[問2]の答

𡗗B＝⑯需（もと）める。「需」に同じ。（音ジュ。大42236）

灻C＝⑬赤。「赤」の本字。（音セキ。大18876）

𡚶D＝⑦大きい。（音カン・ガン。大5935）

𡇒E＝⑨人をよぶ声。（音シュツ。大3498）

𠡥F＝⑪退ける。「黜」に同じ。（音チュツ。大48942）

𧓍G＝⑫かむ。「齧」に同じ。（音ゲツ。大48660）

盔H＝⑮かぶと。はち。（音カイ。大22992）

譕I＝⑥はかりごと。（音ボ・モ。大35971）

𠯗J＝⑭叱りこばむ。「啐」の変体。（音ガツ。大3687）

⑤漢字の動物園？

［問1］動物の漢字が組み合わさっているAは、①～④のどの意味でしょう？

A

①空飛ぶ空想上の馬。　②野馬。馬の一種。
③血統の良い馬。　④強い馬。

答えは 92 ページにあります。

【問2】次の「動物園漢字」B〜Gは、⑤〜⑭のどの意味でしょう？

B

C

F

D

G

E

⑤群がる。 ⑥家畜。 ⑦馬と牛。

⑧馬が走る。 ⑨大きな鳥。 ⑩なれしかの子。

⑪水鳥。 ⑫目の白い馬。 ⑬牡(おす)。

⑭あかうま。

答えは92ページにあります。

[問1]の答

驦 A＝②野馬。馬の一種。(音リョウ・リュ。大45068)

[問2]の答

馯 B＝⑤群がる。「羣」に同じ。「羣」は「群」の正字。(音グン。大44629)

牳 C＝⑬牡(おす)。「牡」に同じ。(音ボ。大20129)

駓 D＝⑧馬が走る。(音ヒ。大44599)

驗 E＝⑫目の白い馬。「瞧」・「魚」に同じ。(音ギョ。大44952)

麌 F＝⑩なれしかの子。「麌」に同じ。なれしかは大鹿の一種。(音オウ。大47595)

騂 G＝⑭あかうま。「騂」に同じ。(音セイ。大44926)

【問3】ではこれはなんと読む？（馬場雄二オリジナル）

（□には漢字が入り、ことわざになります）

□□の□

答えは94ページにあります。

［問3］の答

犬猿の仲。
（「犬猿の中」と「犬猿の仲」をかけた表現）

⑥人それぞれ？

[問1]「人」が2つ並んでいるAとBは、それぞれ①〜④のどの意味でしょう？

从

A

仌

B

---

①人並み。　②二人。
③従う。　④氷。

答えは98ページにあります。

【問2】次の「人漢字」C〜Kは、
⑤〜⑯のどの意味でしょう？

C

D

E

F

G

儚　　侮

J　　H

倚　　佹

K　　I

---

⑤集まる。　⑥よる。もたれる。　⑦同居人。
⑧亦(また)。　⑨奇人。　⑩重なる。
⑪動く。　⑫人々。　⑬愚か。
⑭ひとりぼっち。　⑮盗む。　⑯おそれる。

答えは 98 ページにあります。

［問1］の答

从Ａ＝③従う。「従」の本字。（音ショウ・ジュウ。大362）

仌Ｂ＝④氷。「冰」の本字。「冰」は「氷」の正字。（音ヒョウ。大360）

［問2］の答

𠆤Ｃ＝⑭ひとりぼっち。「寡」に同じ。（音カ。大346）

亼Ｄ＝⑤集まる。（音シュウ・ジュウ。大345）

亣Ｅ＝⑧亦（また）。「亦」の古字。（音エキ。大294）

𠈌Ｆ＝⑯おそれる。「虞」の古字。（音グ。大611）

𡗝Ｇ＝⑮盗む。「盗」の古字。（音トウ。大804）

𠐳Ｈ＝⑪動く。（音トク・ドク。大765）

佹Ｉ＝⑩重なる。（音キ。大566）

儚Ｊ＝⑬愚か。日本では「はかない」の意。（音ボウ・ム。大1236）

倚Ｋ＝⑥よる。もたれる。（音イ。大776）

【問3】では 次の①と②は なんと読む？（馬場雄二オリジナル）

（□には漢字、△には片仮名が入ります）

①人の□

②△タ△リ△ク

答えは 100 ページにあります。

[問3]の答

①人の山。(人の多くむらがり集まること。山の形で表現)
②メタボリック。(内蔵脂肪型肥満。人を肥らせた形で表現)

⑦心尽くしです？

［問1］「心」が入っているAは、①〜④のどの意味でしょう？

忑

A

①本心。　②企（たくら）み。
③心がむなしい。　④落ち込むこと。

答えは104ページにあります。

【問2】次の「心尽くしの漢字」B〜Hは、⑤〜⑭のどの意味でしょう？

B

C

D

G

E

H

F

---

⑤ひねくれた心。　⑥愚か。恐れる。　⑦愚かなさま。

⑧強いる。　⑨疑い深い。　⑩謀る。

⑪幼い。　⑫おもいやり。　⑬恐れる。「恐」に同じ。

⑭和らぐ。

答えは104ページにあります。

[問1]の答

忑A＝③心がむなしい。（音トク。大10317）

[問2]の答

⿱母心B＝⑩謀る。「謀」に同じ。（音ボウ。大10443）

⿱女心C＝⑫おもいやり。「恕」の古字。（音ジョ。大10328）

惹D＝⑧強いる。ひかれる。（音ジャク・ニャク。大10866）

懝E＝⑥愚か。恐れる。「懝」に同じ。（音ガイ。大11373）

忥F＝⑦愚かなさま。（音キ・ケ。大10361）

⿱曲心G＝⑬恐れる。「恐」に同じ。（音キョウ。大10542）

⿱和心H＝⑭和らぐ。「和」の俗字。（音ワ。大10790）

【問3】ではこれはなんと読む？（馬場雄二オリジナル）

（□には漢字が入ります）

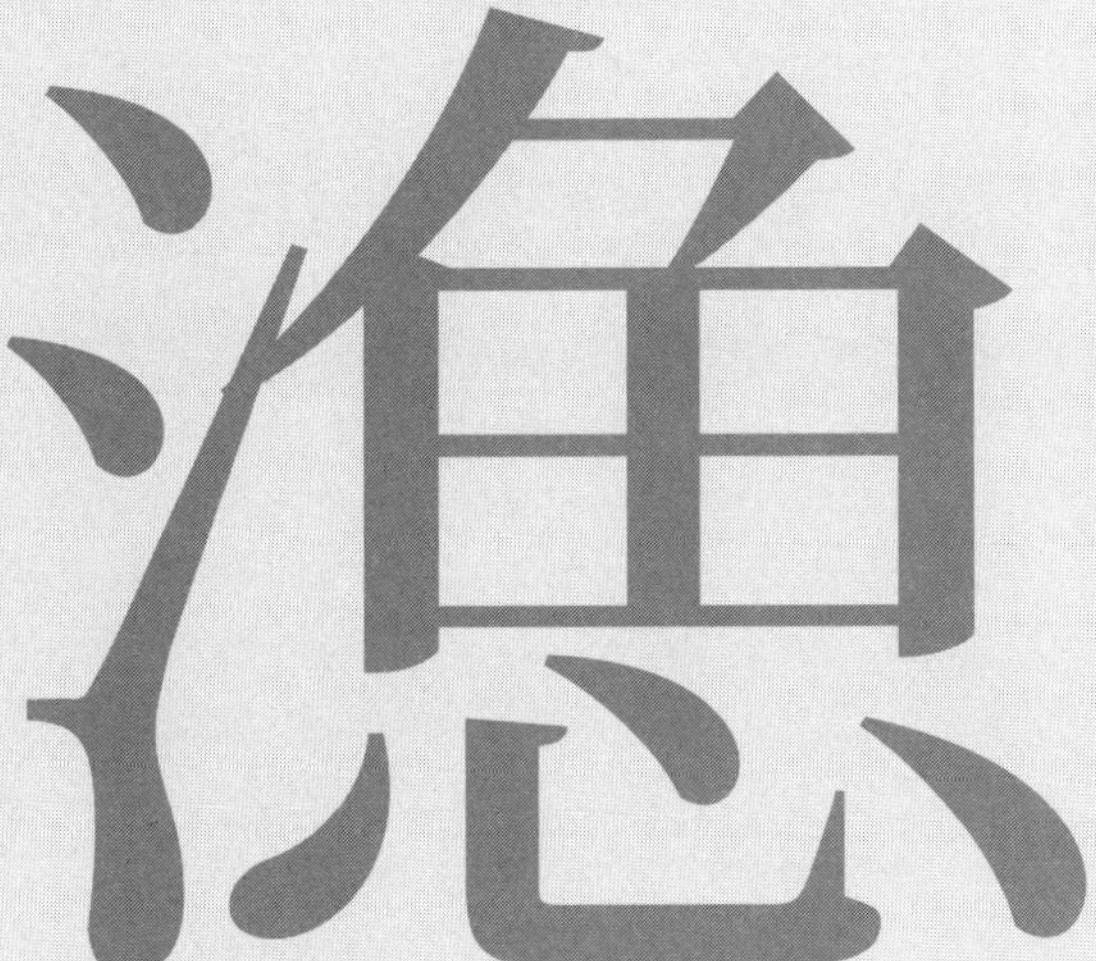

□□あれば□□あり

答えは106ページにあります。

［問3］の答

魚心あれば水心あり。

（水を表すさんずいと、魚の一部、心を合成）

⑧金がある漢字？

［問1］「金」が入っているAとBは、それぞれ①〜④のどの意味でしょう？

A

B

①質の良い鉄。　②びた。質の悪い銭。

③かねの音。　④質の悪い金属。

答えは 110 ページにあります。

【問2】次の「金がある漢字」C〜Hは、⑤〜⑭のどの意味でしょう？

鋥

C

鈺

D

---

⑤さび。　⑥鋭い。みつかどのほこ。　⑦裕福。

⑧足かせ。　⑨馬の首飾り。　⑩手柄。

⑪宝。　⑫睾丸。　⑬貧困。

⑭よいかね。

答えは 110 ページにあります。

鏸

E

鈦　　鈔

G　　F

鉂

H

［問1］の答

鋃　A＝③かねの音。（音ロウ。大40436）

鐚　B＝②びた。質の悪い銭。（音ア。大40907）

［問2］の答

鍟　C＝⑤さび。（音セイ・ショウ。大40629）

鈺　D＝⑪宝。（音ギョク・ゴク。大40273）

鏸　E＝⑥鋭い。みつかどのほこ。（音ケイ・エ。大40851）

釥　F＝⑭よいかね。（音ショウ。大40174）

鈦　G＝⑧足かせ。（音テイ・ダイ。大40187）

鈘　H＝⑨馬の首飾り。「鋄」に同じ。（音バン。大40281）

［問3］ではこれはなんと読む？（馬場雄二オリジナル）

（□には漢字が入ります）

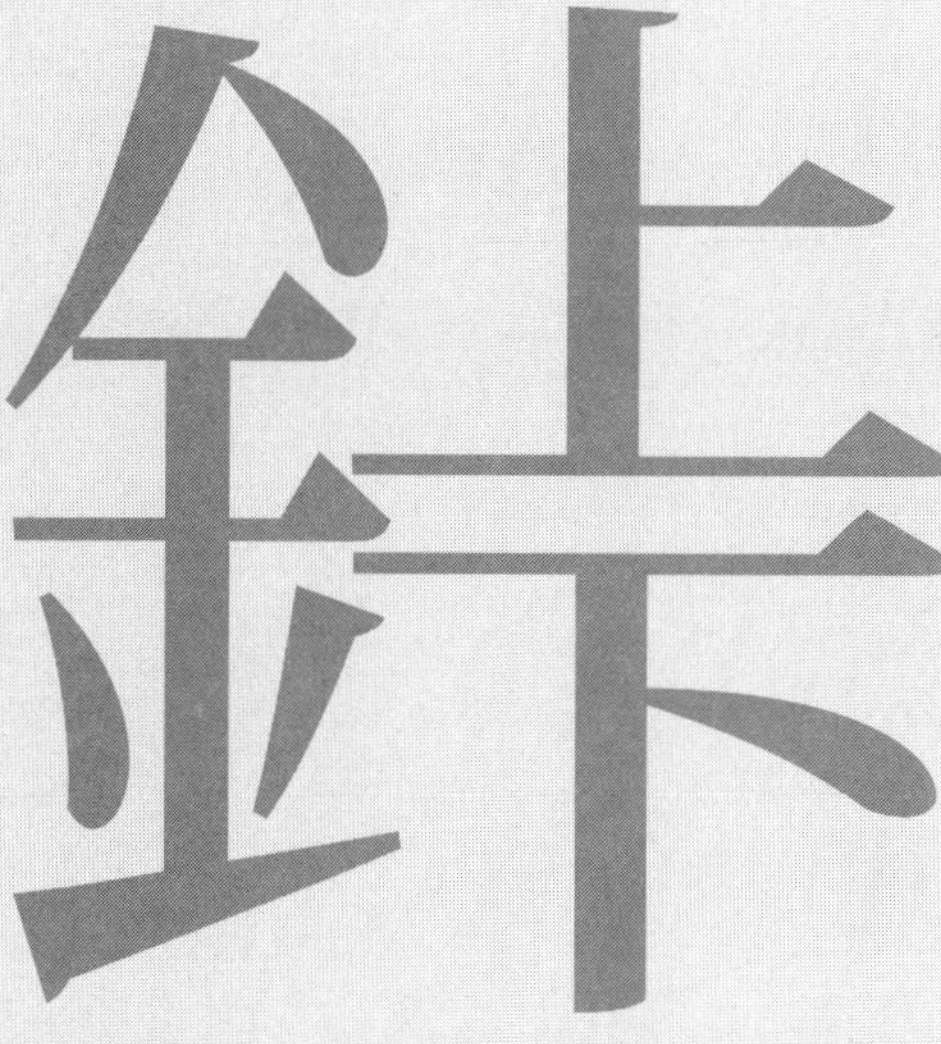

□□場

答えは112ページにあります。

［問3］の答

金相場。

（金・上・下の組合せで取引価格が上下する相場を表現）

⑨症状辞典？

［問1］やまいだれが入っているAは、①〜④のどの意味でしょう？

A

①肥満症。　　②不健康。
③中風。　　④肥料不足。

答えは116ページにあります。

[問2] 次の「症状漢字」B〜Eは、⑤〜⑭のどの意味でしょう？

瘰 B

癬 C

痞 D

瘡 E

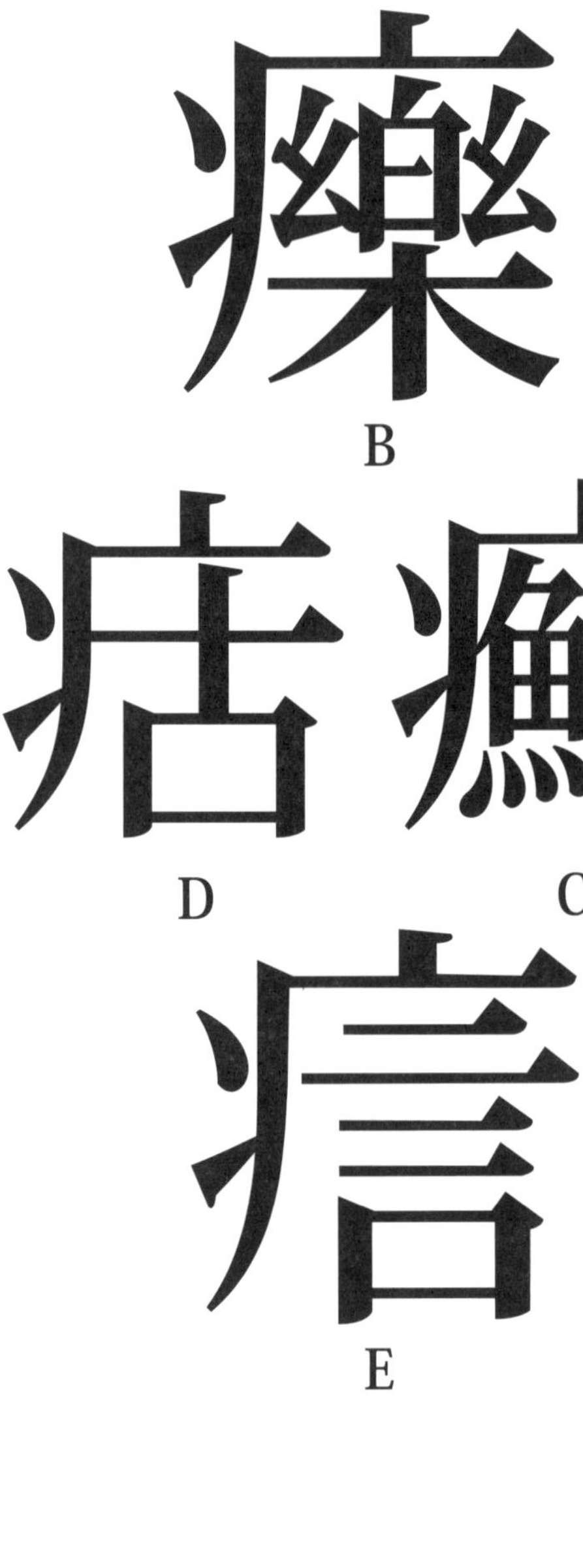

H

F

I

G

---

⑤胸の病気。　⑥いやす。　⑦言語障害。
⑧ながわずらい。　⑨覚めずに長くねむる。　⑩病む。
⑪回虫。　⑫たむし。　⑬肌荒れ。
⑭できもの。

答えは116ページにあります。

[問1]の答

痆A＝③中風。「痱」に同じ。（音ヒ。大22253）

[問2]の答

瘵B＝⑥いやす。なおす。（音リョウ・ラク。大22604）
癬C＝⑫たむし。（音セン。大22629）
痁D＝⑧ながわずらい。持病。（音コ・ク。大22083）
痦E＝⑨覚めずに長くねむる。（音コッ・コチ。大22197）
瘧F＝⑤胸の病気。（音カク・ガク。大22529）
癘G＝⑭できもの。（音レイ・ライ。大22645）
痐H＝⑪回虫。（音カイ・ガイ。大22157）
瘍I＝⑩病む。（音ヒ・ビ。大22579）

【問3】ではこれはなんと読む？（馬場雄二オリジナル）

（□には漢字が入ります）

□□病

答えは118ページにあります。

［問3］の答

金欠病。

（「金」と「欠」が「やまいだれ」の中に収まっている表現）

⑩意味が想定外？

【問1】意味が予想できそうでもありなさそうでもある漢字

AとBは、それぞれ①〜④のどの意味でしょう？

⿰酉樂

A

嚛

B

---

①楽しい酒。　②苦い酒。

③甚だ辛い。　④楽しい語らい。

答えは 122 ページにあります。

【問2】次の「意味想定外漢字」A〜Fは、①〜⑮のどの意味でしょう？

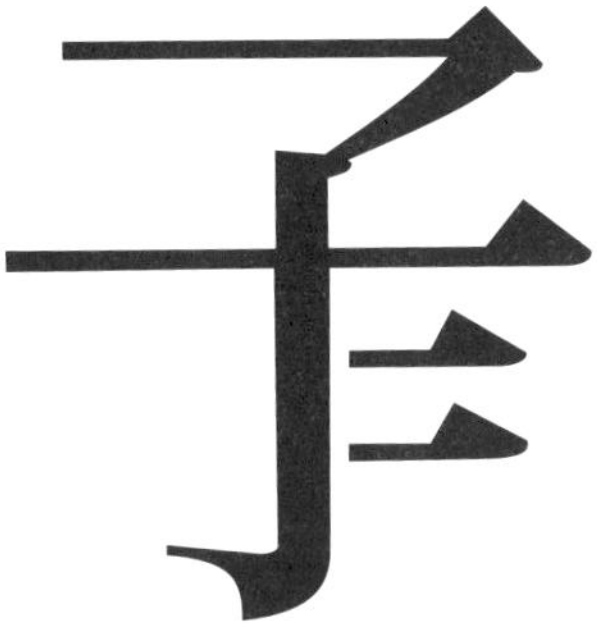

G

H

I

J

---

①こがねむし。　②父。　③老人。

④美しいさま。　⑤羊の角。　⑥二十人。

⑦小羊。　⑧従う。　⑨せがれ。

⑩孫。　⑪さまようさま。　⑫大きい羊。

⑬みみず。　⑭一本の草。　⑮毒虫。

答えは 122 ページにあります。

[問1]の答

⿰酉樂A＝②苦い酒。酢。（音カク。大40077）

嚛B＝③甚だ辛い。（音コク。大4524）

[問2]の答

⿰身老A＝②父。（音ヤ。大38080）

⿰女樂B＝④美しいさま。（音ヤク。大6854）

⿰虫惡C＝①こがねむし。（音オ・ウ。大33619）

躮D＝⑨せがれ。（国字。大38058）

婓E＝⑪さまようさま。（音ヒ。大6410）

蟮F＝⑬みみず。（音セン・ゼン。大33624）

𡥈G＝⑩孫。「孫」の古字。（音ソン。大6935）

⿱从土H＝⑧従う。「従」の古字。（音ジュウ。大30758）

羍I＝⑦小羊。（音タツ・タチ。大28434）

𦍌J＝⑤羊の角。（音カイ・ケ。大30641）

【問3】次の「意味想定外漢字」A～Iは、①～⑫のどの意味でしょう？

①三個。

②三人。

③一歳の馬。

④波の激する音。

⑤あだ。かたき。

⑥十歳の馬。

⑦静か。寂しい。

⑧水が隠れて流れる。

⑨八歳の馬。

⑩四頭立ての馬車の馬。

⑪側の穴から流れ出る泉。

⑫四人。

答えは 124 ページにあります。

［問3］の答

駟　A＝⑩四頭立ての馬車の馬。（音シ。大44683）

馴　B＝⑨八歳の馬。（音ハッ・ハチ。大44575）

㠛　C＝③一歳の馬。「馯」に同じ。（音カン。大44578）

仨　D＝①三個。（音サ。大397）

侐　E＝⑦静か。寂しい。「侐」に同じ。（音キョク。大477）

仇　F＝⑤あだ。かたき。（音キュウ・グ。大355）

汢　G＝⑧水が隠れて流れる。（音シツ・シチ。大17096）

汃　H＝④波の激する音。（音ハツ・ハチ。大17106）

氿　I＝⑪側の穴から流れ出る泉。（音キ。大17102）

【問4】次の「意味想定外漢字」A〜Gは、①〜⑩のどの意味でしょう？

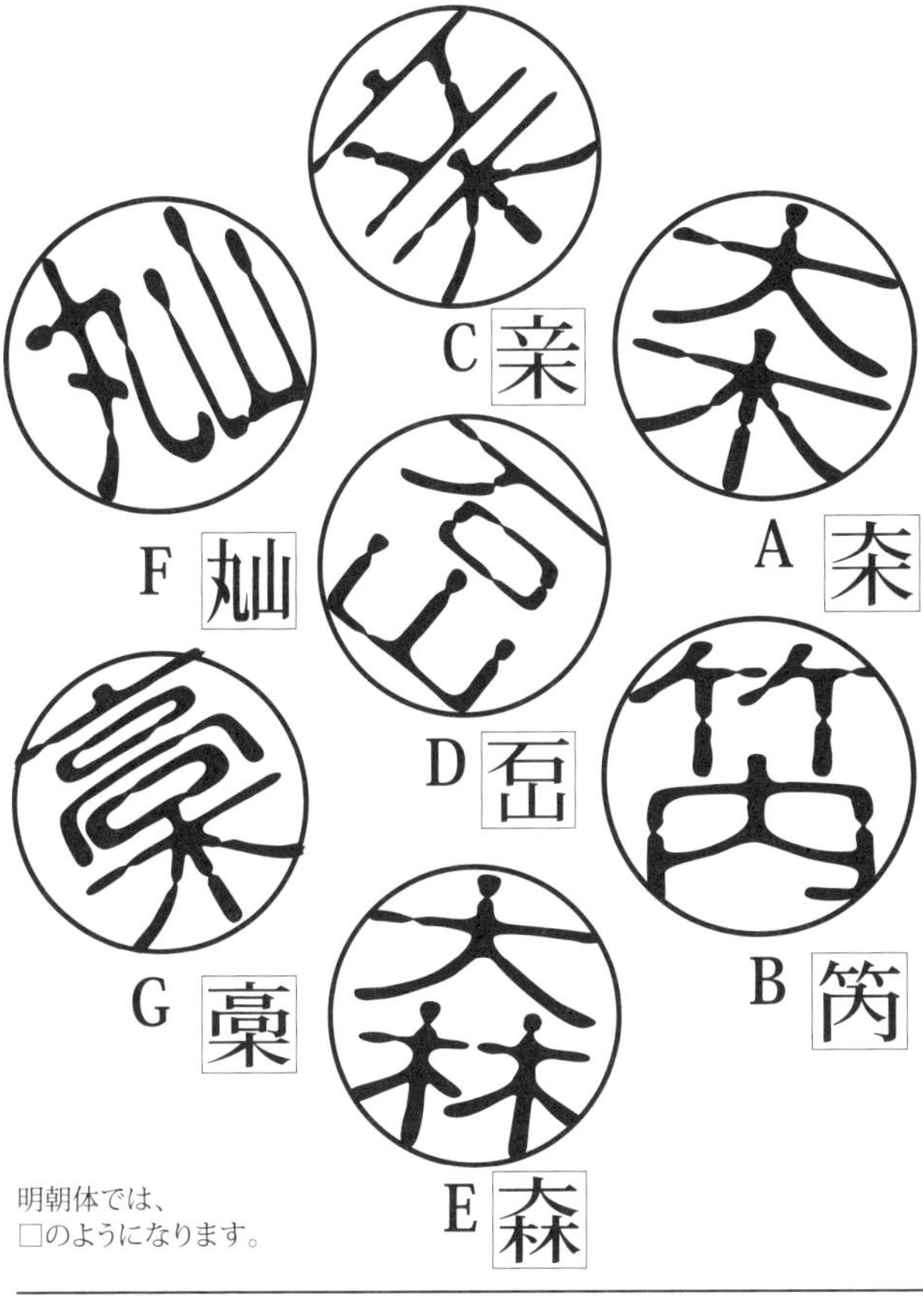

A 夵　B 笍　C 亲　D 𡵸　E 𣡕　F 𡵢　G 槀

明朝体では、
□のようになります。

①小舟のかじ。　②立派な木。　③親しむ。
④森。　⑤恐れる。　⑥岩あな。
⑦枯れる。　⑧むち。　⑨見栄えの良い山。
⑩小山が大山と並んで、大山よりも高いもの。

答えは 126 ページにあります。

［問4］の答

来 A＝①小舟のかじ。（音ライ。大5869）

笍 B＝⑧むち。（音テイ。大25879）

亲 C＝③親しむ。「親」の俗字。（音シン。大311）

岩 D＝⑥岩あな。（音カン・コン。大7986）

森 E＝⑤恐れる。（音シン。大5956）

灿 F＝⑩小山が大山と並んで、大山よりも高いもの。「峘」に同じ。（音カン。大49048）

槀 G＝⑦枯れる。（音コウ。大15299）

■著者プロフィール

馬場雄二（ばば・ゆうじ）

東京芸術大学大学院修了。ヴィジュアルデザイナー・東北芸術工科大学名誉教授。文字やデザインを遊びの視点から創作・研究。フジサンケイグループ、NEC、西武百貨店などでCIディレクション、グラフィック、商品開発などを手掛ける。長野冬季五輪デザイン検討委員長。世界カレンダー賞（USA）金賞、ミリオンセラー「漢字博士」でおもちゃ大賞、「ミリケシ」でグッドデザイン賞受賞。産経新聞で「馬場雄二の遊字塾」（15年間）、朝日新聞日曜beで「馬場雄二のデザインQ」（4年間）連載。ゲーム「ことわざカルタ丸」・「漢字の宝島」など20数種。著書『文字遊び百科』全5巻（東京堂出版）・『漢字のサーカス』全3巻（岩波書店）・『漢字クイズ絵本』全6巻（偕成社）・『漢字遊び解体新書』（大修館書店）など20数冊。

ホームページ「馬場雄二のデザイン」http://www6.ocn.ne.jp/~ba2uzuni/

facebookアカウント http://www.facebook.com/babayuji

この字《じ》なんの字《じ》不思議《ふしぎ》な漢字《かんじ》

NDC814／126p／19cm

初版第1刷——2011年4月1日

著者————馬場雄二《ばばゆうじ》

発行者————鈴木一行

発行所————株式会社大修館書店

〒113-8541 東京都文京区湯島2-1-1

電話03-3868-2651（販売部）03-3868-2290（編集部）

振替00190-7-40504

［出版情報］http://www.taishukan.co.jp

装丁者————馬場雄二

印刷所————壮光舎印刷

製本所————ブロケード

ISBN978-4-469-22214-2 Printed in Japan